Feinste Öle

Franz Hartl · Christoph Wagner

Feinste Öle

Kochen und genießen mit edlen Essenzen

Mit Fotos von
Kurt-Michael Westermann

Pichler Verlag

ISBN-10: 3-85431-405-1
ISBN-13: 978-3-85431-405-9

Pichler Verlag im Internet:
www.pichlerverlag.at

Umschlag- und Buchgestaltung:
Bruno Wegscheider

Layout und Produktion:
Alfred Hoffmann

Reproduktion: Pixelstorm, Wien
Druck und Bindung: Druckerei Theiss GmbH,
St. Stefan im Lavanttal

Inhalt

Edel sei das Öl, hilfreich und gut

EINE KLEINE KULINARISCHE REISE DURCH DIE GESCHICHTE EINES GESCHMACKSTRÄGERS

SAATEN DES GENUSSES, FRÜCHTE DER FREUDE

Von Gott bekam der Mensch nur das Wasser. Alle anderen Flüssigkeiten, die ihm bis heute als Nahrung dienen und gleichzeitig auch Freude bereiten, musste der *Homo sapiens* sich erst „im Schweiße seines Angesichts" erarbeiten. Dazu zählt neben dem Bier, dem Wein und den Destillaten vor allem das flüssige Fett oder – schöner und treffender gesagt – das Öl.

Fett ist der Geschmacksträger unserer Nahrung schlechthin. Wo es fehlt, da fehlt es auch an Geschmack. Die Menschen haben das schon in ihren frühesten kulturellen Stadien gewusst, als sie nach der Erfindung des Feuers damit begannen, Fett aus erlegten Tieren und Fischen herauszuschmelzen, um es aufzubewahren und je nach Nützlichkeit weiterzuverwenden.

Während die Nomaden diese Erfahrung eher mit tierischem Fett machten, erkannten sesshafte Stämme schon bald, dass sich Fette auch aus Saaten – aus Leinsaat etwa und Sesamsaat – oder aus bestimmten Baumfrüchten – allen voran aus jenen des Olivenbaums – extrahieren ließen. In den alten Schriften der Chinesen werden schon 2800 Jahre vor unserer Zeitrechnung die ölhaltigen Samen der Sojasträucher erwähnt, und obwohl nicht explizit nachgewiesen ist, dass die Bewohner der Schweizer Pfahlbauten vor 2500 Jahren bereits Mohnöl kannten, legen dies entsprechende Mohnsamenfunde nahe.

Auch Sesam wurde indessen, wie in babylonischen Keilschriften nachzulesen steht, bereits um 2000 v. Chr. in Assyrien und Babylon zur Ölgewinnung verwendet. Mandeln wiederum zählen zu den sieben symbolischen Früchten der Juden und wurden vom Volke Israel sowohl als im Mörser zerstoßene Speisenwürze als auch in Ölform verwendet. Auch aus Walnüssen und Bucheckern wurde bereits in antiker Zeit Öl gewonnen, indem man diese in Tücher wickelte und zwischen Metall- oder Steinplatten auspresste.

WIE MAN MIT ÖL JEMANDEM HEIMLEUCHTET

Die Verwendungsmöglichkeiten von Talgen und Ölen waren äußerst vielfältig. Vor allem diente das flüssige Fett als Brenn- und Leuchtstoff für Öllampen, woran der heute noch in Italien verwendete Name *lampante* für diverse Olivenölsorten erinnert. Öl war aber auch stets ein beliebtes Zahlungsmittel und ein wichtiger Bestandteil von Duft- und Heilsalben, wie sie etwa der junge Moses am Hofe des Pharaos kennen lernte, als man ihn mit Duftöl aus blauem und rotem Lotus salbte. Darüber hinaus nutzte man Öl zur Farbenabmischung, zur Konservierung von Elfenbein, zum Gerben von Leder – und schon die Gallier verstanden es, Öl mit Asche vermischt zu Seife zu verarbeiten.

Last, not least diente das Öl auch als Geschmacksverstärker und Kochhilfe, worauf schon die Anleitungen für die alttestamentarischen Tempelopfer schließen lassen, in denen ausdrücklich Opfer von Fladenbroten aus „Öl von zerstoßenen Oliven und Feinmehl" (2 Mos 29, 38-4) vorgeschrieben waren.

Olivenhain

Die Nähe von Öl und Tempel ist offensichtlich. Da der Mensch das Öl nur kultivieren, nicht jedoch die dafür nötigen Rohstoffe erzeugen konnte, wurde den Essenzen, die da, ähnlich wie jene für Wein oder Bier, aus dem Urboden strömten, stets auch göttliche Kraft zugeschrieben, und in den *Jüdischen Sagen* Micha Josef bin Gorions steht sogar zu lesen, dass selbst das göttliche Manna, das vom Himmel fiel, „dem Öl geglichen" habe.
Der Olive begegnet man, wie sonst nur noch der Weintraube, durch fast viertausend Jahre Religionsgeschichte. Schon die Taube, die das Ende der Sintflut ankündigt, hält ein Olivenzweiglein im Schnabel. Aus den Zweigen des Olivenbaums wurden die Szepter der Könige von Judäa geschnitzt. Und nicht zufällig beginnt auch die Passion Christi am Ölberg und endet, wie die Überlieferung wissen will, auf einem Kreuz aus Olivenholz.

DAS ÖL DER GÖTTER

Dennoch ist in der Geschichte des Olivenöls bis heute weniger von Gott als vielmehr von den alten heidnischen Göttern die Rede, die sich um diese Essenz besonders (und, wie man heute weiß, auch besonders werbewirksam) verdient gemacht haben. Sie hatten dazu freilich auch lange genug Zeit. Immerhin ist das älteste Ölblatt der Welt, das man in Mongardino bei Bologna als Teil eines Fossils gefunden hat, über eine Million Jahre alt. Und mindestens zehntausend Jahre ist es her, dass die Steinpresse entwickelt worden ist, die in der minoischen Kultur (2800–900 v. Chr.) auf Kreta schließlich bereits zum Alltagswerkzeug gehörte. Schon damals träufelte aus den Abflussrinnen abgeflachter Kalksteine das „flüssige Gold der Minoer".
Allein: Dieses Gold sollte nicht lange dem Inselreich des Minotaurus vorbehalten bleiben, denn schließlich hatte keine Geringere als die Göttin Pallas Athene selbst daran Gefallen gefunden. Sie trat damals mit Poseidon, dem Meeresgott, in einen edlen Wettstreit: Wer der mächtigsten Stadt Griechenlands das wertvollere Geschenk machen konnte, vereinbarten die beiden, sollte künftig auch deren Schutzgott sein. Poseidon schlug mit seinem Dreizack auf einen Felsen der Akropolis, aus dem auch sofort ein Quell sprudelte. Die Beschenkten waren davon allerdings nur so lange begeistert, bis sie merkten, dass das Wasser salzig und damit für die Trinkwasserversorgung der Stadt unbrauchbar war. Da hatte Athene, als sie mit ihrer Lanze in die Erde stach, schon wesentlich mehr Glück: Binnen kürzester Zeit konnte sie den von ihr Umworbenen ein kleines Bäumchen voll reifer, schwarzer Oliven präsentieren, und die Stadt nannte sich nach der Überbringerin des Olivenöls von nun an Athen.
Auf dem Giebel des Parthenon ist bis heute der Moment dargestellt, in dem Zeus seinen Blitz schickt, um die beiden Konkurrenten zu trennen, da Poseidon mit seinem Salzwasser beinahe ganz Attika überschwemmt hätte. Unterhalb des Gespanns der Athene sieht man indessen den Olivenbaum aus dem Boden sprießen. Der Olivenbaum, der lange Zeit im Erechtheion stand, könnte also tatsächlich der erste in Athen gewesen sein.
Bei so viel weiblicher athenischer Intuition konnte der altrömische Göttervater Jupiter wohl nicht allzu lange zurückstehen und schenkte den Seinen die Walnuss, die sich mit ihrem hohen Fettanteil als *Jovis glans* („Nuss des Jupiter") zur Ölherstellung ganz besonders gut eignet. Die Vormachtstellung von Athenes Olivenöl in der Antike hat das Walnussöl aber trotz seines prominenten Patrons niemals gebrochen.

ÖLKLÖSTER, ÖLMÜLLER UND ÖLINDUSTRIE

Sagen und Legenden rund ums Öl sind im alten Rom Legion, und was die Römer an Press- und Extraktionstechnologien erfanden, blieb auch noch Jahrhunderte nach dem Zerfall des Römischen Reiches *state of the art*. Dafür, dass die alten Techniken nicht in Vergessenheit gerieten, sorgten die gelehrten Mönche in den Klöstern, die die Naturkunde Plinius des Älteren nicht nur gelesen hatten, sondern deren Erkenntnisse, wie etwa der Mönch Theophilus um 1100 berichtet, im

Alte Ölmühle in Wadi Natrun, Ägypten

Klostergärtchen bei der Gewinnung von Öl aus Leinsamen, Oliven, Nüssen oder Mohn sehr wohl anzuwenden wussten. Erst im 16. Jahrhundert kam allmählich der Berufsstand des Ölmüllers auf, der die ihm von den Bauern anvertrauten Saaten durch Mahlen, Stampfen oder Pressen mit Hilfe von Menschen-, Pferde-, Wasser- oder Windkraft weiterverarbeitete. Das Ölmüller-Handwerk schien goldenen Boden zu haben: Einer zeitgenössischen Statistik zufolge existierten im Deutschland des Jahres 1813 insgesamt 2828 einfache, durch Hand und Fuß betriebene Ölstampfen und 522 von Pferden, Wind oder Wasser angetriebene Ölmühlen.

Doch die industrielle Revolution war damals bereits voll im Gange und so dauerte es nicht lange, bis auch in den Ölmühlen neue Zeiten einkehrten. Die Erfindung der 1819 in Paris vorgestellten hydraulischen Schneckenpresse erleichterte die Mechanisierung des Pressvorgangs, und seit der Mitte des 19. Jahrhunderts konnten Öle und Fette auch mit Hilfe von Lösungsmitteln aus dem Saatgut extrahiert werden. Als Kaiser Napoleon III. einen Preis für jenen ausschrieb, der einen möglichst kostengünstigen Brotaufstrich zur Versorgung der Armee herstellen konnte, meldete sich ein gewisser Hippolyte Mège-Mouriès zu Wort, der im Jahr 1869 die Margarine erfand, die – wiewohl qualitativ umstritten – in

 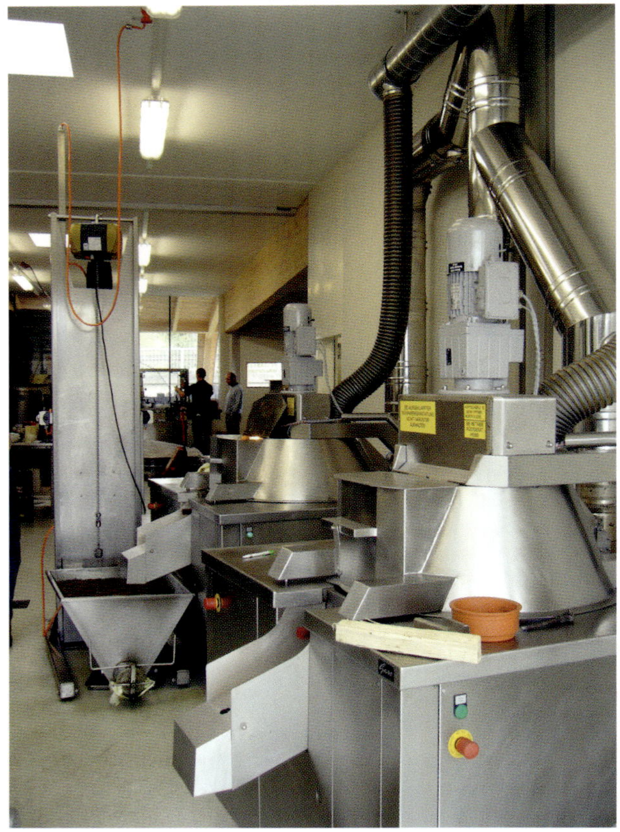

Alte und moderne Geräte zur Ölherstellung in der Ölmühle Hartlieb, Steiermark

ökonomisch zunehmend angespannten Zeiten auch die Versorgung größerer Bevölkerungsteile mit pflanzlichen Fetten ermöglichte, zu denen sich im Zuge des Kolonialismus auch immer mehr neue „Ölquellen", von Mais über Soja bis hin zur Ölpalme, gesellten.

ESSENZEN FÜR KÖCHE, GOURMETS UND ÄRZTE

Gerade in einer Zeit wie der unseren, wo man Ernährung nicht mehr nur als Kalorienzufuhr, sondern zum einen als hedonistisches Geschmackserleben begreift und zum anderen in ganzheitlicher Verantwortlichkeit für das Wohlergehen des eigenen Körpers begutachtet, weiß man mit einer gesteigerten Vielfalt an wertvollen Fetten und Ölen immer mehr anzufangen. Ernährungsmediziner verweisen auf die Vorzüge wertvoller ungesättigter pflanzlicher Öle vor den tierischen Fetten und Sterne- oder Haubenköche wissen diese Erkenntnisse in den Dienst immer verblüffenderer „Geschmacksexplosionen" am Genießergaumen zu stellen.

Das steigende Umweltbewusstsein breitester Bevölkerungsschichten sensibilisiert den modernen Genießer obendrein dafür, auf die Natürlichkeit und Nachhaltigkeit von Rohprodukten zu achten, unter denen wertvolle Öle zu den naturbelassensten und schmackhaftesten zählen. Genau davon werden die folgenden Seiten dieses Buchs handeln.

Öl, wie es ist – Öl, wie es fließt

EINE KURZE EINFÜHRUNG IN DIE WELT DER EDLEN ESSENZEN

WO STEHT EINER, DER IM ÖL STEHT?

Er steht selbstverständlich nicht, wie es uns das alte Sprichwort suggerieren will, unter Alkoholeinfluss. Er steht vielmehr in einer Flüssigkeit, die nicht in Wasser löslich ist. Öl ist hydrophob, was, aus dem Griechischen übersetzt, nichts anderes bedeutet, als dass es sich vor dem Wasser fürchtet.
Die flüssigen Kohlenwasserstoffverbindungen, aus denen jedes Öl besteht, werden sich mit Wasser also niemals zu einer Flüssigkeit vereinen. Öl schwimmt oben – und bleibt dort für gewöhnlich zumindest so lange allein, bis sich jemand um ein Emulsionsmittel kümmert.
Wenn, wie im Folgenden, von Speiseölen geschrieben wird, so handelt es sich dabei um organische Öle, die sich von anderen organischen Fetten durch einen niedrigen Schmelzpunkt unterscheiden, der sich aus den im Molekül enthaltenen ungesättigten Bindungen ergibt. Dabei gilt die Formel: Je „ungesättigter" die Fettsäuren, desto gesünder ist das Öl. Oder in anderen Worten: „Gesättigt" ist immer eher problematisch, „ungesättigt" ist besser und „mehrfach ungesättigt" ist ausgesprochen gut. Aber wie so oft ist die richtige Mischung das Allerbeste. So wird von Ernährungswissenschaftlern für die gesamte Menge der täglich aufgenommenen Nahrungsmittel ein ausgewogenes Verhältnis von gesättigten zu einfach ungesättigten und zu mehrfach ungesättigten Fettsäuren als optimal empfohlen.

Öl – das Wort geht auf die antike Bezeichnung für Olivenöl (griech. *elaion*, lat. *oleum*) zurück – ist nicht ganz dasselbe wie Fett. Während Pflanzenfett üblicherweise fest ist und erst durch Erhitzen in flüssige Form gebracht werden kann, ist Pflanzenöl flüssig und kann nur durch Gefrieren fest werden. Ob Pflanzen in ihren Früchten und Samen nun Fett oder Öl speichern, hängt von den in der Pflanze überwiegend enthaltenen Fettsäuren ab. Überwiegt der Anteil ungesättigter, langkettiger Fettsäuren, so entsteht ein Pflanzenöl. Feste Pflanzenfette enthalten im Verhältnis dazu mehr gesättigte und kurzkettige Fettsäuren.

Und während in den meisten Pflanzenölen in unterschiedlichen Zusammensetzungen überwiegend ungesättigte Fettsäuren enthalten sind – wie etwa

- Ölsäure (einfach ungesättigte Fettsäure)
- Linolsäure (zweifach ungesättigte Fettsäure)
- Linolensäure (dreifach ungesättigte Fettsäure) –

findet man in tierischen Fetten und Ölen einen erheblich höheren Anteil an den gesundheitlich problematischen gesättigten Fettsäuren, die zur Erhöhung des Cholesterinspiegels führen.

WIE SCHMECKT SONNE?

Sie werden es vielleicht nicht glauben, aber wenn Sonne einen Geschmack hat, so ist es jener von pflanzlichen Ölen. Rein biochemisch betrachtet, ist Pflanzenöl nämlich gespeicherte Sonnenenergie von höchster Dichte. Jedes Samenkorn hat nun, gewissermaßen als Erbstück der Sonne, eine Portion Öl mitbekommen, dessen Anteil am Gesamtvolumen von ganz wenig bis zu 70 % reichen kann und es dem Sämling ermöglicht, auch unter schwierigen Umweltbedingungen von sich aus Wurzeln und Sprossen zu bilden.

Pflanzen, die eine besonders gute Mitgift an Öl für ihren Weg auf die Erde mitbekommen haben wachsen überwiegend im äquatorialen Sonnengürtel der Erde, da für die Synthese des Fettes hohe Energiemengen erforderlich sind. Auch dem Menschen kommt diese Mitgift der Sonne zugute: Er braucht die Pflanzen, die genügend für die menschliche Ernährung geeignete Fruchtfleisch- oder Samenöle speichern, nur zu kennen und ihnen ihr Bestes abzutrotzen.

„COOL" IST HANDWERKLICH UND NATURBELASSEN

Die schonendste Methode zur Gewinnung von hochwertigen Pflanzenölen aus Ölsaaten, Hülsen- und Steinfrüchten ist das naturreine Pressen, oft auch als „Kaltpressung" bezeichnet. Ohne Hitzeeinwirkung gepresste Öle weisen gegenüber heissgepressten, raffinierten Ölen einen höheren Gehalt an natürlichen Inhaltsstoffen, Vitaminen und Mineralien auf. Ihr Geschmackscharakter ist auch immer deutlich von der verwendeten Ölsaat oder Ölfrucht geprägt. Heissgepresste, raffinierte Öle sind dagegen meistens sehr bis nahezu völlig geschmacksneutral, haben jedoch auch ihre Vorteile, etwa bei der Lagerfähigkeit und bei Einfluss von größerer Hitze – oder Kälte.

IST EIN KALTGEPRESSTES ÖL ABER AUCH AUTOMATISCH EIN GESUNDES ÖL?

Die Antwort darauf ist gar nicht so einfach: Der Begriff „Kaltpressung" kann nämlich durchaus irreführend sein. So entstehen zum Beispiel bei der Erstpressung von Soja- oder Maiskeimöl durch die Reibungshitze Temperaturen von bis zu 70 °C. Auch bei der Herstellung von Kürbiskernöl wird – beim Rösten der Kerne – eine Temperatur von ca. 60–70 °C erzeugt. Durch den Röstvorgang wird das besondere Aroma einer Saat noch besser hervorgehoben. Dieser Vorgang muss mit großer Sorgfalt und so schonend durchgeführt werden, dass der natürliche Geschmack nicht beeinträchtigt oder zerstört wird, was höchste Ansprüche an das Geschick der Ölmüller stellt.
In diesem Zusammenhang läuft seit langem die Diskussion, ob solche Öle überhaupt als „kaltgepresst" bezeichnet werden sollten. Dabei ist es wichtig zu wissen, dass als „naturbelassen", „kaltgeschlagen", „kaltgepresst", „warmgepresst" oder „Jungfernöl" nur solche Speisefette und -öle bezeichnet werden dürfen, die lediglich durch mechanische oder physikalische Prozesse (ausgenommen Extraktion) gewonnen und nur durch Waschen, Absetzenlassen, Filtrieren oder Zentrifugieren gereinigt werden sowie keine sonstigen Zutaten enthalten. „Kaltgepresst" kann hier also durchaus als Begriff für die auf schonende, handwerkliche und naturbelassene Art hergestellten Öle verstanden werden; allerdings unter der Bedachtnahme, dass dies keine gesetzlich geschützte Bezeichnung darstellt.

WIE WIRD GEPRESST?

In der bäuerlich-handwerklichen Produktion von pflanzlichen Ölen, die uns bei unseren „edlen Essenzen" vorzugsweise interessiert, kommen vor allem zwei Pressverfahren zur Anwendung: das diskontinuierliche und das kontinuierliche. Es ist vor allem die Funktionsweise der Presse, die dabei eine bedeutende Rolle spielt. Für den diskontinuierlichen Pressvorgang stehen vor allem Seiher-, Kasten-, Trog- und Topfpressen zur Verfügung. Das Zentrum der Seiherpressen ist ein perforierter Zylinder, der so genannte Seiher, durch den auch das Öl austritt, sobald innerhalb des Seihers durch einen Kolben Druck erzeugt wird. Auch die Kasten-, Trog- oder Topfpressen bestehen aus entsprechend geformten Gefäßen, in denen ein Stempel Druck auf das Pressgut ausübt. Das dabei abgesonderte Öl wird über Siebböden und Kanäle abgeleitet.

Sonnenblumenfeld

Während bei dieser eher archaischen Art des Pressens die Behältnisse immer wieder gereinigt und neu gefüllt werden müssen (daher die Bezeichnung „diskontinuierlich"), hat sich in moderneren Betrieben das kontinuierliche Pressen in Schneckenpressen durchgesetzt, die im Gegensatz zu ihren Vorgängern ohne Unterbrechung, also kontinuierlich betrieben werden können. Diese Pressen bestehen aus einem horizontalen Gang, in den eine schneckenförmige Presswelle eingebaut wurde. Der eigentliche Pressenraum ist auch hier von einem Seiher umgeben, über den das Öl ablaufen kann. Gleichgültig, wie gepresst wird, in jedem Fall enthält das bei der Pressung entstehende Rohöl Pressrückstände, die Öltrub genannt werden und vor der Füllung des Öls in Flaschen durch einen Öltrub-Scheider oder ein anderes Gefäß, in dem sich der Trub absetzen kann, entfernt werden müssen.

WAS MUSS MAN BEIM ÖLKAUF BEACHTEN?

Edle Öle aus erster Pressung zählen heute zu den wertvollsten kulinarischen „Bodenschätzen". Man kann sie kosten, erschnuppern, bewerten, tropfenweise schlürfen und nach Lust, Laune und Können auch damit kochen. Gerade deshalb sollte man aber auch genau wissen, welches Öl man einkauft.
Dass der Trend in der Ölproduktion seit vielen Jahren allein schon aus gesundheitlichen, aber auch aus Geschmacksgründen in Richtung naturbelassene Verfahren geht, ist für den gesundheitsbewussten Genießer eine große Bereicherung.
Beim Einkauf hochwertiger Öle ist in jedem Fall die Bezeichnung zu beachten, wobei – wie schon angeführt – „kaltgepresst" eben keine eindeutig definierte Angabe ist, aber im Regelfall ein schonend gewonnenes Öl benennt. Gesetzlich geschützte Begriffe wie „biologisch", „ökologisch" oder beim Olivenöl „Native Extra (Extra Vergine)" oder „Native" sind wichtige Hinweise auf die verwendeten Rohstoffe bzw. die Verarbeitungsqualität.
Auch die Angaben „aus Erstpressung" und „naturbelassen" oder „naturrein" sind nützliche Orientierungshilfen.
Wichtig ist es, auf das Verbrauchsdatum, die Lagerung im Geschäft (Vorsicht, wenn Öle direkt im sonnenbeschienenen Schaufenster stehen) und die Angabe der Inhaltsstoffe zu achten. Dort muss auf jeden Fall angeführt sein, ob sich künstliche Zusätze oder raffinierte Öle in einem Produkt befinden oder ob es zu 100 % aus einer Saat gewonnen wurde.
Tipp: In manchen Delikatessgeschäften kann man die Öle verkosten, was gerade bei hochpreisigen Produkten eine entscheidende Hilfestellung ist.

WIE HALTBAR SIND EDLE ÖLE?

Kaltgepresste Speiseöle sind je nach Fettsäuremuster und Inhaltsstoffen zwischen 3 Monaten und 2 Jahren haltbar. Als Faustregel dabei gilt: Je höher der Anteil mehrfach ungesättigter Fettsäuren, desto empfindlicher ist das Öl. Allerdings hat die Natur hier für eine natürliche Hilfestellung gesorgt. So ist in praktisch allen Speiseölen das antioxidativ wirkende Vitamin E (*Tocopherole*) enthalten, das für die Haltbarkeit der Öle sorgt.
Da jedes Öl seinen eigenen Charakter hat, zur Illustration ein kleiner Vergleich: Leinöl beispielsweise hat einen der höchsten bekannten Anteile an dreifach ungesättigten Fettsäuren (Omega-3-Fettsäure) und einen relativ geringen Vitamin-E-Gehalt. Es ist daher nur sehr kurz (etwa 3 Monate) haltbar. Ganz anders das exotische Inca-Inchi-Öl aus Peru: Es hat zwar einen fast ebenso hohen Anteil an dreifach ungesättigten Fettsäuren wie Leinöl, allerdings auch einen außerordentlich hohen Gehalt an Vitamin E und ist damit sehr gut lagerfähig (zumindest ein Jahr).
Neben dem Vitamin E findet man auch noch weitere, meist nur in jeweils einem Öl vorkommende Antioxidantien. Besonders hervorzuheben ist in diesem Zusammenhang das *Procyanidin*, das im Traubenkern-Öl enthalten ist und eine 50-fach stärkere antioxidative Wirkung aufweist als Vitamin E. Traubenkern-Öl ist aus diesem Grund trotz seines hohen

Ölhändler am Basar von Damaskus

Anteils an mehrfach ungesättigten Fettsäuren sehr gut haltbar und auch hoch erhitzbar. Auch Sesamol und Sesamolin, die im Sesamöl vorkommen, sind hier als wichtige antioxidative (und die Haltbarkeit verlängernde) Inhaltsstoffe zu erwähnen.
Einige weitere Beispiele für sehr gut lagerfähige Speiseöle sind: Weizenkeimöl (hat den höchsten Anteil an Vitamin E von allen Speiseölen), Olivenöl, Erdnussöl, Erdmandelöl und Kürbiskernöl.

WIE LAGERT MAN EDLE ESSENZEN RICHTIG?

Am wichtigsten ist es, die Öle vor Licht geschützt und gut verschlossen aufzubewahren. Es genügt aber durchaus das Küchenkästchen, um ein wertvolles kaltgepresstes Öl bis zu einem Jahr ohne Qualitätsverlust zu lagern. Eine „normale" Zimmertemperatur ist erfahrungsgemäß kein Problem für die Haltbarkeit. Auch nach dem Öffnen ist es bei den meisten Ölen nicht nötig, sie im Kühlschrank aufzubewahren. Die optimale Temperatur für die Lagerung eines Öles liegt zwischen 10 und 18 °C.

WIE KOSTET MAN ÖL?

Die Herstellungsprozesse, denen edle Öle heute in aller Welt unterworfen werden, sind einander oft sehr ähnlich. Dennoch können etwa Olivenöle je nach Herkunft völlig anders schmecken und Ähnliches gilt sinngemäß etwa auch für Mandel-, Erdnuss oder Tomatenkernöl. Das Öl ist in dieser Hinsicht eng dem Wein verwandt, der oft schon nur einen Weinberg weiter völlig anders schmecken kann als sein Sortenkollege. Geologische und mikroklimatische Abweichungen, aber auch Unterschiede in Baumschnitt und Bewässerung führen dazu, dass jedes edle Öl seinen unverwechselbaren Geschmack hat und sich auch organoleptisch als echtes Individuum abseits aller Massenproduktion präsentiert. Genauso penibel und sensibel wie edle Weine lassen sich daher auch edle Öle sensorisch verkosten.

Dabei geht man am besten ganz ähnlich wie beim Wein vor. Um durch eine Sinnenprobe der Frage nach der Qualität des Ausgangsmaterials und seiner Verarbeitung auf die Schliche zu kommen, muss allerdings zunächst einmal die Frage nach der Artspezifität gestellt werden. Genauso wenig wie man einen Grünen Veltliner mit den Kriterien messen kann, die für einen Traminer gelten, kann man ein Traubenkernöl nach Maßstäben messen, die für Sesamöl zutreffend wären. Also frage man sich zunächst, ob ein Saat- und Fruchtgeschmack erwünscht ist oder ob man sich lieber ein, was Geruch und Geschmack betrifft, möglichst neutrales Öl wünscht. Erst dann kann man mit der sensitiven Probe beginnen.

1. Die Augenprobe

Ein gutes Öl sollte klar und durchscheinend, homogen und von gleichmäßigem, je nach Sorte schlankerem oder breiterem Fluss sein. Die Farbe kann je nach Ölsaat artspezifisch differieren, sollte aber in jedem Fall strahlend und appetitlich sein. Grießige Konsistenz, Schlieren- und Satzbildung können, wenn allzu deutlich sichtbar, Hinweise auf fehlerhaftes Öls sein. Eine kaum geringe Satzbildung kann jedoch auch ein Zeichen der Klärung durch natürliches Absetzenlassen eines kaltgepressten Öles und damit ein positives Merkmal sein.

2. Die Geruchsprobe

Der Geruch kann sich gerade bei Ölen als äußerst verräterisch erweisen. Da tritt sehr schnell zutage, ob ein Öl überlagert oder bei schlechten Verhältnissen gelagert wurde. Auch die (mangelnde) Sauberkeit der Verarbeitung lässt sich relativ mühelos herausriechen. Idealerweise duftet ein Öl frisch, reintönig und ausgeglichen. Je nach Art des Ausgangsprodukts kann auch ein gewisser Sortentyp (Röstaromen bei Kürbiskernöl, Fruchtaromen bei Olivenöl) „erschnuppert" werden. Die Skala von unerwünschten Nebentönen ist allerdings noch fassettenreicher und reicht von flach, unsauber, fremdartig und scharf über muffig, tranig und ranzig bis hin zu überständig, schimmelig, fischig, faulig und abstoßend.

3. Die Geschmacksprobe

Mehr noch als Weine sind Fette und Öle von Natur aus Geschmacksträger und daher auch geeignet, das Geschmacksempfinden für weniger geschmacksintensive Speisen zu verstärken. Die Ölverkostung ist aus diesem Grund noch schwieriger als die Weinverkostung. Während der Wein für sich genommen ein Geschmackserlebnis bildet und erst in zweiter Linie die Frage aufwirft, was man dazu essen könnte, ist die Ölverkostung ohne einen „dazugedachten" Partner kaum möglich. Man wird also bei der Ölverkostung stets auch auf die Lebensmittel und Speisen Rücksicht nehmen, in denen das Öl vorkommen oder die es begleiten wird. Nur so lässt sich das gewisse *Mouthfeeling* eines Öls bestimmen: Wird es die Speisen vollmundiger und cremiger machen? Wird es ihnen Pikanterie und Schärfe verleihen? Wird es fettlösende Duft- und Geschmacksstoffe erst wirklich zur Geltung bringen? Oder wird es sich für Gerichte mit wenig Eigengeschmack als zu dominant erweisen? Wird es deftige Speisen eleganter oder anämische rustikaler machen?

All diese Fragen muss man sich stellen, wenn man dem zu verkostenden Öl jenseits der Diagnose von Reintönigkeit oder Fehlerhaftigkeit gerecht werden will. Vor allem aber sollte sich ein guter Testergaumen der Ölprobe auf dreierlei Weise stellen:

1. Vorprobe: Einen Tropfen Öl mit einer Pipette auf die Fingerkuppe träufeln und die Lippen für einen ersten Sinneseindruck damit benetzen. (Merke: Erste Eindrücke täuschen selten!)
2. Hauptprobe: Öl auf einem Porzellan- oder Plastiklöffelchen probieren.
3. Nachprobe: Ein Stück Brot ins Öl tunken und dadurch die Harmoniefähigkeit mit anderen Nahrungsmitteln prüfen.

Zunächst einmal wird man sich bei der Geschmacksprobe jedoch, unabhängig vom Geschmack des Öls, auf die Beschreibung jener Eigenschaften konzentrieren, die das Öl entwickelt, sobald es mit Zunge und Gaumen in Berührung gerät: Flutscht es oder kratzt es? Überwältigt es die Zunge mit üppigem Schwall oder benetzt es sie mit dünnem Fluss? Wirkt das Öl adstringierend oder beruhigend? Setzen Zunge und Gaumen dem Öl Widerstände entgegen oder saugen sie es begierig auf? Hat das Öl Biss? Oder wirkt es flau?
Die Antworten auf diese Fragen sagen schon sehr viel über die Einsatzmöglichkeiten des Öls in der feinen Küche aus. Nun ergibt sich die Zuordnung der Geschmäcker fast schon von selbst:
Rundum positiv nehmen wir gewöhnlich Rösttöne, Saatkonnotationen, nussige oder mandelige Aromen sowie Anklänge an frische Brotrinde oder Zartbitterschokolade auf. Je nach persönlichen Vorlieben freuen wir uns über Frucht-, Gewürz- und Gemüsekonnotationen wie Apfel, Artischocke, Pfeffer, Muskat, Vanille, Bittermandel oder schwarze Johannisbeere, wobei wir uns überlegen sollten, ob uns eine gewisse Überfruchtigkeit nicht stören würde, wenn das Öl später nicht mehr als einsamer Libero, sondern in einer ganzen Küchenmannschaft spielt.
Etwas irritiert stellen wir es fest, wenn ein Öl zu salzig, zu scharf, zu bitter, zu sauer, zu brandig oder zu flach ist. Auch unerwünschte Nebentöne wie Hefe, Kraut, Essig, Gras, Spargel, Ananas, Tankstelle oder Spülmittel trüben unser Vergnügen. Und wir verlieren endgültig die Freude am Ölgenuss, sobald faulige, überständige, ranzige, leichenbittere oder gar animalische Töne in unser – rein pflanzliches – Geschmacksorganigramm vordringen.

Edle Essenzen in der Küche

Auch wenn es immer mehr Menschen gibt, die edle Öle wie Medizin einnehmen, sich damit massieren lassen oder sie zu kosmetischen Zwecken auf die Haut auftragen, so ist und bleibt ihr wahrer Platz selbstverständlich – und zwar schon seit biblischen Zeiten – dort, wo gebacken, mariniert und gebraten wird, nämlich in der Küche.
Den meisten edlen Ölen ist nicht nur ein unverwechselbarer Geschmack oder eine ebensolche Konsistenz eigen, sie haben auch die von Köchen aus aller Welt besonders geschätzte Fähigkeit, Entlegenes oder Kratzbürstiges zu verbinden. Kurz vor dem Servieren in Saucen eingerührt, verleihen edle Öle denselben nicht nur Aroma und Geschmack, sondern besitzen auch die Fähigkeit, etwa mit Eidotter (in der Mayonnaise) oder mit Essig (in der Marinade) nicht nur grundsolide, sondern auch besonders langlebige geschmackliche Partnerschaften einzugehen.

DIE KUNST DES EMULGIERENS

Unter Emulgieren versteht man das Vermischen zweier Flüssigkeiten, die, wie etwa Wasser und Öl, schwer mischbar sind. Eine der klassischen Ölemulsionen ist die Mayonnaise, bei der das Lecithin aus dem Eigelb als Emulgator dient, um das Gemisch zu stabilisieren. Ölemulsionen sind ein noch längst nicht erschlossenes, weites kulinarisches Land. Die traditionelle Mayonnaise aus möglichst neutralem Pflanzenöl, Dotter, Zitronensaft und dem emulsionsfördernden Senf ist längst nicht der Weisheit letzter Schluss und die Palette kreativer Kombinationsmöglichkeiten bei weitem nicht ausgeschöpft. So lassen sich etwa aus Erdmandel- und Haselnussöl hervorragende Mayonnaisen zubereiten. Äußerst aparte Geschmacksergebnisse erzielt auch eine mit Chilischoten angereicherte Mayonnaise auf Kürbiskernöl-Basis, während etwa eine leicht gesüßte Marillenkernöl-Mayonnaise neue Dimensionen der Dessertcreme erschließt.

KREATIV FRITTIEREN

Es muss nicht immer die rauchige Fritte aus der Schnitzel-Bude sein. Frittieren ist ein auch von Spitzenköchen geschätzter, äußerst seriöser Kochvorgang, wenn er richtig und mit geeigneten Ölen durchgeführt wird. Besonders gut frittiergeeignet sind etwa ungehärtetes Kokosfett, Rapsöl und Sesamöl. Aber auch viele kaltgepresste Öle können Verwendung finden, wenn sie nicht über 150 °C und nicht länger als 30 Minuten erhitzt werden. Es dürfen allerdings nicht alle nativen Öle zum Braten und Backen eingesetzt werden. Öle, bei denen der Rauchpunkt – wie etwa beim hocharomatischen Senföl – besonders niedrig liegt, sollte man lieber in der kalten Küche verwenden, da sonst die Gefahr der Bildung von krebserregenden freien Radikalen und des giftigen chemischen Stoffes *Acrolein* besteht.
Überhaupt stellt sich die Frage, ob wirklich edle, kaltgepresste Essenzen durch das Frittieren nicht „unterverkauft" werden. In vielen Fällen ist ein gutes neutrales Öl mit hohem Rauchpunkt vorzuziehen.

MARINIEREN

Für Konservierungszwecke wird die klassische Wild- oder Fleischmarinade zwar aufgrund neuerer Kühlmethoden nicht mehr benötigt, gleichzeitig hat jedoch das Aromatisieren von Wild, Lamm- und Rindfleisch, aber auch von Geflügel, Fisch oder Gemüse – nicht zuletzt durch die mannigfaltigen asiatischen Einflüsse auf unsere Küche – an Bedeutung gewonnen. Die Feinabstimmung edler Öle mit anderen Würzzutaten zählt heute zu den Grundtechniken jeder guten zeitgemäßen Küche.

WÜRZEN

Als Aromen und Würzzutaten haben feine Öle gerade in den letzten Jahren weltweit eine steile Karriere gemacht. Vor allem Spitzenköche haben nämlich erkannt, dass es oft besser ist, einem „großen" Grundprodukt – ob Fisch, Fleisch oder Gemüse – seinen Eigengeschmack möglichst zu lassen und diesen erst ganz zum Schluss des Kochvorgangs oder unmittelbar vor dem Servieren mit ein paar Tropfen edler Essenzen abzurunden, die den Einsatz von Speisesalz oft nahezu überflüssig machen. Dadurch tut sich auch in der Haushaltsküche eine wahre Vielfalt von völlig neuen und gesunden Würzmöglichkeiten auf.

KONSERVIEREN MIT EDLEN ÖLEN

Das langsame Garziehen (vorzugsweise von Geflügel) im Eigenfett und anschließende Einlegen in einen Glas- oder Keramiktopf zu Konservierungszwecken ist eine beliebte, vor allem in Frankreich geschätzte Konservierungsmethode, die auch *Confit* genannt wird. Der gleiche chemische Vorgang lässt sich auch mit edlen Pflanzenölen nachvollziehen. Gemüse, Fische oder Fleischstücke werden in nicht allzu stark erhitztem Öl langsam gar gezogen und anschließend haltbar gemacht. Das Aroma des Öls bleibt dabei vollständig erhalten und geht auch auf die *confierten* Lebensmittel über.

ÖLE SELBST AROMATISIEREN

Gewiss: Viele edle Essenzen wirken am besten durch sich selbst. Doch es gibt auch genügend ausgezeichnete Öle eher neutralen Geschmacks, die durchaus fähig sind, neue Aromen in der Art von Kräutern, Pilzen, Gemüsen und Gewürzen aufzunehmen. Eine der schönsten Eigenschaften des Öls besteht nämlich darin, dass Aromen in Form ätherischer Öle fettlöslich sind und sich, wenn sie erst einmal rundum vom Öl umschlossen sind, nicht mehr verflüchtigen können. Vor Licht und Wärme geschützt, halten sie sich auf diese Art über viele Wochen.

PROBIEREN SIE EINMAL EIN MENÜ DER EDLEN ESSENZEN

Feine Öle eignen sich wie kaum eine andere Zutat als „Leitmotive" zur Durchkomponierung ganzer Menüs. Es gibt keinen Gang, der durch den richtigen Einsatz des richtigen Öles nicht noch verfeinert werden könnte. Bei Suppen eignen sich feine Öle, je nach Jahreszeit, als fruchtig-leichte Würze, z. B. bei heißem Wetter leichte Tomatensuppe mit Marillenkernöl; in Herbst und Winter wird einem dank eines Schusses Öl – etwa bei einer molligen Kürbiscremesuppe mit Kernöl – so richtig warm ums Herz.

Vorspeisen – das lehrt uns vor allem die mediterrane Tapas-, Antipasti- und Mezes-Küche – sind die besten Verbündeten feiner Öle, insbesondere des Olivenöls. Ob marinierte Fische und Meerestiere, Carpaccio, Crostini mit diversen Aufstrichen und Belägen, kreative Salate, kalte und warme Saucen und Pürees oder Brote – mit ein paar Tropfen eines feinen Öls dazu geht man nie fehl.
Nudelgerichte, ob italienische Pasta, chinesische Mie-Nudeln oder japanische Ramen-Nudeln, sind durch die ihnen eigene Porosität ideale Ölträger. Der Bogen reicht vom hausgemachten Pesto über aromatisierte Kräuter- und Gewürzöle bis hin zum Abschmecken süßer Mohnnudeln mit ein paar Tropfen Mohnöl.
Geflügel-, Fleisch- und Fischgerichte mögen die Ummantelung durch edle Öle in vielerlei Form, sei's als Marinade oder Bratöl, sei's durch feines Abschmecken kurz vor dem Servieren. Auch bei der Zubereitung von Saucen, Dips und Grilltunken sind edle Öle eine geradezu unerschöpflich kombinierbare Zutat.
Öl passt schließlich keineswegs nur in den guten alten Ölkuchen, sondern verfeinert eine Vielzahl von Desserts und Mehlspeisen. Das erfordert freilich mitunter etwas Einfallsreichtum und zuweilen sogar Mut. Aber haben Sie schon einmal probiert, ein Vanilleeis mit ein paar Tropfen Lein- oder Erdmandelöl abzuschmecken?
Ähnlich überzeugende „Geschmacksexplosionen" lassen sich auch bei Fruchtsalaten, Dessertcremes, beim Aromatisieren von Bröseln zu Obstknödeln oder beim Würzen von Marillen- oder Zwetschkenröster erzielen. Das Dolce Vita ist garantiert.

Essentiell Kochen

WUNDERBAR „ÖLIGE" REZEPTE VON ÖSTERREICHISCHEN SPITZENKÖCHEN

Bucheckernöl

DER SÜSSE DUFT DER KINDERTAGE

DAS ÖL

„Bucheckern schmecken lecker!" So lautet ein altes deutsches Sprichwort, das heute nahezu in Vergessenheit geraten ist. Noch bis in die 50er-Jahre des vorigen Jahrhunderts hinein galten Bucheckern nämlich bei breitesten Schichten des Volkes als ausgesprochene Köstlichkeit, die vor allem auch bei Kindern beliebt war, die sie gemeinsam mit anderen Waldfrüchten mit Begeisterung sammelten und sich auch über ein entsprechendes „Körberlgeld" freuten.

Die dreikantigen, ausschließlich aus den weiblichen Blüten entwickelten Früchte der Rotbuche, auch Bucheln genannt, sind sehr fettreich (50 kg geben 10 l Öl) und faszinieren durch ihren feinnussig-mandeligen Geschmack, der sich mit seiner kaum merklichen, zartbitteren Note auch auf das Öl überträgt.

Das Pressen der Bucheckern erfordert höchste Präzision, da die Eckern von einer Haut umgeben sind, die den Kopfschmerz und Übelkeit erregenden Stoff *Fagin* enthält, der allerdings durch Rösten der Früchte und extrem vorsichtiges, präzises Pressen völlig zum Verschwinden gebracht werden kann.

Das Endprodukt ist ein äußerst nährstoffreiches Öl mit einem Gesamt-Linolsäure-Gehalt von 33 bis 38 Prozent, das vor allem auch in der feinen Küche vielseitig Verwendung findet. Es eignet sich zum Marinieren von Bitterkräutern und Blattsalaten, wobei sich vor allem die Kombination mit Balsamico- und Metessig bewährt hat. Köstlich mundet das Buchelöl auch in kalten Vorspeisen aus der Geflügel-, Fisch- und Gemüseküche. Besonders groß ist die Harmonie mit Pilzsalaten.

DER KOCH

ALFRED MILLER

Die Visitenkarte von Alfred Miller schmückt das schlichte Wort „Wirt". Dahinter verbirgt sich freilich eine der erstaunlichsten Karrieren der Tiroler Gastronomie, denn Miller zählt zu jenen Küchenchefs, die das „österreichische Küchenwunder" schon in den 80er-Jahren mitbegründet haben. Mit seinem Namen sind die Restaurants „Belle Époque" und „Gourmet" verbunden, in denen Miller schon früh eine *Nouvelle Cuisine à la tyrolienne* wagte und sich damit bereits in der Pionierzeit des „österreichischen Küchenwunders" Hauben-Lorbeer erwarb. Nach einer längeren, selbst gewählten „Nachdenkpause" kehrte Miller dann wieder in die Top-Gastronomie zurück und renovierte die 1899 erbaute Jausenstation „Schöneck", die zwischenzeitlich einer Studentenbude als Bleibe diente, mit viel Liebe zum Detail.

Wirtshaus Schöneck
Weiherburggasse 6, 6020 Innsbruck
www.wirtshaus-schoeneck.com

DAS MENÜ

Gebratener Saibling in Bucheckernvinaigrette

Pastinakensupperl mit Bucheckerncrackers

In Lagrein geschmorte Kalbswangerln
mit Schalotten und Kraterellen mit Bucheckernpüree

Grießnudeln im Glühwein mit Bucheckern-Krokant-Eis

Gebratener Saibling in Bucheckernvinaigrette

ZUTATEN FÜR DEN SAIBLING: 2 Seiten Seesaibling à 130 g • Meersalz • Pfeffer • Zitronensaft 10 EL Bucheckernöl • 100 g Karotten • 100 g Staudensellerie • 100 g gelbe Rüben • 100 g Lauch (weiß) 6 EL Sherryessig

ZUBEREITUNG: Saibling mit Salz, Pfeffer und Zitronensaft würzen und im Bucheckernöl langsam auf der Haut braten. Gewaschenes und geschältes Gemüse à la Julienne (dünne lange Streifen) schneiden. Mit Bucheckernöl in der Pfanne anschwitzen. Mit Salz, Pfeffer und Sherryessig würzen.

ZUTATEN FÜR DIE BUCHECKERNVINAIGRETTE: 60 g Bucheckern • 40 ml Schwarzer-Johannisbeer-Essig 100 ml Buchekernöl • 1 TL Honig • 1 Prise Zucker • Salz • Pfeffer

ZUBEREITUNG: Alle Zutaten zusammenmischen und schlussendlich das Öl einrühren.

Pastinakensupperl mit Bucheckerncrackers

ZUTATEN FÜR DIE SUPPE:
4 Schalotten (klein geschnitten)
20 ml Bucheckernöl • 6 mittelgroße Pastinaken (klein geschnitten)
1/16 l trockener Weißwein
1/16 l Geflügelfond • 200 ml Schlagobers
1 EL glattes Mehl • 50 g kalte Butter
Salz • Pfeffer • Muskat • 8 dünne Scheiben geräucherte Entenbrust
Trüffel

ZUBEREITUNG: Schalotten in Bucheckernöl andünsten, Pastinaken reingeben, kurz durchschwenken. Mit Mehl bestäuben, mit Weißwein ablöschen und mit Geflügelfond aufgießen. Kochen lassen, bis das Gemüse weich ist. Mixen, durch ein feines Sieb passieren, Schlagobers beigeben. Nochmals aufkochen. Mit Salz, Pfeffer und Muskat würzen. Mit kalter Butter aufmixen. Mit Entenbrust, Trüffel und Bucheckernöl braten, anschließend garnieren.

ZUTATEN FÜR DIE BUCHECKERNCRACKERS: 100 g Mehl • 50 g flüssige Butter • 50 g Honig • 100 g Eiweiß

ZUBEREITUNG: Alles zusammenrühren. 1 Stunde ruhen lassen. In eine Schablone glatt streichen. Mit Meersalz, geschrotetem Pfeffer und gehackten Bucheckern bestreuen. Bei 160 °C ca. 8 min. backen

In Lagrein geschmorte Kalbswangerln mit Schalotten und Kraterellen mit Bucheckernpüree

ZUTATEN FÜR DIE KALBSWANGERLN: 1,5 kg Kalbswangerln • Salz • weißer Pfeffer aus der Mühle
Öl zum Anbraten • Schalotten, grob gewürfelt • 300 g Karotten, längs halbiert und in größere Stücke geteilt
250 g Staudensellerie, geputzt und in größere Stücke geteilt • 2 Knoblauchzehen, in Scheiben geschnitten
Lagrein (dunkel) • Saft von je 1 Orange und Zitrone • 5 vollreife Tomaten, klein geschnitten
2–3 l Wasser oder Kalbsfond • je 1 Zweig Thymian und Rosmarin • 2 Lorbeerblätter • 1 mehlige Kartoffel
1/2 Stange Lauch in Ringen • 1 EL Butter • Salz • 150 g Kraterellen (ersatzweise andere Waldpilze)

ZUBEREITUNG: Kalbswangerln mit Salz und Pfeffer würzen und in heißem Öl anbraten.
Schalotten, Karotten, Sellerie und Knoblauch zufügen und kurz mitrösten. Mit Wein, Orangen- & Zitronensaft ablöschen, die Tomaten dazugeben und alles knapp mit Wasser oder Kalbsfond bedecken. Mit Thymian und Rosmarin, Lorbeerblättern, Salz, Pfeffer würzen und langsam zum Kochen bringen.
Die Kartoffel schälen, fein raspeln und hineingeben. Die Kalbswangerln bei sanfter Hitze in 1 bis 1 1/2 Stunden (je nach Stärke/Zartheit des Fleisches) leise köcheln und weich werden lassen.
Wenn das Fleisch weich ist, die Kräuterzweige entfernen. Die Wangerln und die größeren Gemüsestücke herausnehmen. Das restliche Gemüse mit der Sauce durch ein Sieb passieren. Durch die Kartoffel und das Gemüse hat die Sauce eine herrlich sämige Konsistenz. Fleisch und Gemüse in die Sauce geben und diese nochmals abschmecken. Lauch in der Butter kurz andünsten und leicht salzen. Die Wangerln samt Gemüse und Sauce anrichten und mit dem Lauch bestreuen.

ZUTATEN FÜR DAS BUCHECKERNERDÄPFELPÜREE: 500 g mehlige Erdäpfel, geschält und grob geschnitten
100 ml Milch • 100 ml Schlagobers • 70 g kalte Butter • 20 ml Buchekernöl • 50 g geröstete und gehackte Bucheckern • Salz • Pfeffer • Muskat

ZUBEREITUNG: Erdäpfel in Salzwasser kochen. Das Kochwasser abseihen, Erdäpfel in Topf ausdämpfen lassen, danach pressen. Heiße Milch und Schlagobers dazugeben, mit Salz, Pfeffer, Muskat würzen. Kalte Butter einrühren, mit Bucheckernöl und Bucheckernkernen verfeinern.

Grießnudeln im Glühwein mit Bucheckern-Krokant-Eis

ZUTATEN FÜR DIE GRIESSNUDELN: 400 g Milch
100 g Schlagobers • 50 g Butter • 2 Eier • 2 Dotter
200 g Grieß • Vanillezucker • Salz • Vanilleschote

ZUBEREITUNG: Milch, Schlagobers, Butter und Aromen aufkochen, Grieß einrieseln lassen und einkochen, bis sich die Masse vom Topf löst. Kurz abkühlen lassen und noch lauwarm Eier und Dotter einarbeiten.
Masse anziehen lassen, Schupfnudeln formen, in Bröseln wälzen und im Fett goldgelb backen, noch lauwarm mit Zimtzucker bestreuen

ZUTATEN FÜR DEN GLÜHWEINSUD: 200 g Rotwein
70 g Zucker • Vanille • Orangensaft • Zimt • Nelken
Sternanis • Zitrone

ZUBEREITUNG: Gewürzsud kochen und ca. 1 Stunden ziehen lassen. Nochmals erwärmen und die gebackenen Nudeln einlegen.

ZUTATEN FÜR DAS BUCHECKERN-KROKANT-EIS:
1/2 l Milch • 2 EL Honig • 5 Eigelb • 100 g Zucker
ca. 5 EL Bucheckernöl

ZUBEREITUNG: Milch mit Honig und Zucker kochen. Eigelb einrühren und zur Rose abziehen, durch ein Sieb gießen und noch lauwarm das Öl einmontieren. Anschließend gefrieren. Gekochte, geröstete und karamellisierte Buchenkerne unterrühren.

Erdmandelöl

DER GEHEIMTIPP MIT DEM WEIHNACHTSDUFT

DAS ÖL

Wer nussige Aromen und zarte Rösttöne in seinen Speisen liebt, der wird auch am Erdmandelöl als Koch oder Köchin seine reine Freude haben. Das Erdmandelgras gehört zur Familie der *Cyperaceae*. In Europa sind nur 21 der etwa 550 Arten verbreitet, diese hauptsächlich im pannonischen Raum und im Mittelmeergebiet. Heute liegt das bekannteste Anbaugebiet in Spanien, rund um Valencia. Die Erdmandel – und somit der einzig nutzbare Teil der Pflanze – besteht aus Knöllchen, die etwa doppelt so groß sind wie Haselnüsse, sich an den Stolonen im unterirdischen Bereich der Pflanze bilden und schon im Mittelalter geröstet und gegessen wurden.

Erdmandelöl erinnert im Duft an Advent und Nikolo, will heißen: an süße Mandeln, Erd- und Haselnüsse. Dunkelgolden und fast sämig strömt das Öl mit dem beachtlich hohen Vitamin-E-Anteil über Salate, deren Marinaden es eine unverwechselbare Note verleiht. Besonders gut vermählt es sich auch mit Nudelgerichten und ein paar Tropfen Erdmandelöl aufs hausgemachte Vanilleeis sind auch nicht zu verachten.

Erdmandelöl ist aufgrund seines hohen Anteils an ungesättigten Fettsäuren (67 % Ölsäure und 15 % Linolsäure) außerordentlich gesund und bietet sich außerdem als großzügiger Vitamin-E-Lieferant an. Der Erstarrungspunkt des Erdmandelöls liegt bei etwa 3 °C.

DER KOCH

MARCUS RADAUER

Marcus Radauer stammt aus dem Steirereck-„Rennstall" von Vierhaubenkoch Helmut Österreicher und zählte von Beginn seiner Karriere an zu den „Jungen Wilden" unter Österreichs Köchen. Seine in der Wiener Szene-Gastronomie mit „Popstar-Nimbus" begonnene Laufbahn krönte er zunächst im Burgtheater-Gourmettempel „Vestibül", bevor es ihn nach Salzburg zog: zunächst in Franz Schafelners „Schlosswirt" und danach ins urbane „Magazin", das seiner klaren Linie mit mediterraner, leichter, filigraner und geschmacksintensiven Ausrichtung, welche mit einem Stern vom Guide Michelin ausgezeichnet wurde, mit modernster Design und edelsten Weinen eine geradezu idealtypische Umrahmung verleiht.

magazin: restaurant – weinbar
Augustinergasse 13, 5020 Salzburg
www.magazin.co.at

DAS MENÜ

Signalkrebse mit Gemüse & Erdmandelöl

Gänseleber mit geschärfter Schokolade & Erdmandelöl

Steinbutt mit Artischocken, Pilzen & Kräuter-Erdmandel-Essenz

Gebackene Apfelravioli mit Calvados & Vanille

Signalkrebse mit Gemüse & Erdmandelöl

ZUTATEN FÜR DIE KREBSE:
12 Signalkrebse • 2 EL Butter • etwas Wermut • Salz • Pfeffer • Koriander aus der Mühle • Estragon

ZUBEREITUNG: Krebse eine Minute im kochenden Wasser garen, abschrecken und ausbrechen. Butter aufschäumen, Wermut und Estragon zugeben, die Krebsschwänze samt Scheren darin wärmen und würzen.

ZUTATEN FÜR DIE BEILAGEN: junges Gemüse (wie z. B. grüner Spargel, Erbsenschoten, Zucchini, Kürbis, Spitzpaprika, Rispentomaten, Kresse, Friseè, Blüten) Olivenöl • Butter

ZUBEREITUNG: Spitzpaprika im Ofen bei ca. 160 °C schmoren. Anschließend die Haut abziehen. Rispentomaten ebenfalls mit etwas Salz bei geringer Temperatur im Ofen garen. Spargel, Zucchini und Kürbis in Olivenöl und Butter langsam bissfest garen, würzen und zuletzt Erbsenschoten und das Ofengemüse zugeben. Auf vier Teller verteilen, sämtliche Kräuter und Blüten darüber kullern lassen und mit Erdmandelöl beträufeln. Zuletzt die Flusskrebse anrichten.

Gänseleber mit geschärfter Schokolade & Erdmandelöl

ZUTATEN FÜR DIE HIPPEN: 50 g Orangensaft
100 g Staubzucker • 70 g Sesam • 60 g flüssige Butter
30 g Mehl

ZUBEREITUNG: Alle Zutaten miteinander vermengen und für eine Stunde rasten lassen. Großzügig und dünn auf Backpapier aufstreichen und bei ca. 200 °C backen, bis eine goldbraune Farbe entsteht. Noch in warmem Zustand in 3 cm breite und 12 cm lange Rechtecke schneiden. Mit Hilfe eines Zylinders in Form bringen.

ZUTATEN FÜR DIE GÄNSELEBERMOUSSE:
100 g Gänseleberparfait • 100 g geschlagenes Obers
0,2 l Madeira, auf die Hälfte reduziert • 0,2 l weißer Portwein, auf die Hälfte reduziert • ein Schuss Cognac • Salz • Pfeffer
3 Blatt eingeweichte Gelatine

ZUBEREITUNG: Terrine passieren, Madeira, Portwein und Cognac zugeben und würzen. Mit Gelatine binden und das geschlagene Obers unterheben. In Einwegdressierbeutel füllen und jeweils vier Portionen, in Länge und Durchmesser an die Hippen angepasst, auf ein Backpapier dressieren. Anfrieren, in die Hippen schieben und anrichten.

ZUTATEN FÜR DAS SCHOKOLADENBISKUIT:
140 g Butter • 30 g Staubzucker • 100 g Eidotter
110 g weiße Schokolade • etwas Salz • 140 g Kristallzucker
140 g Eiweiß • 100 g Mehl, glatt

ZUBEREITUNG: Butter, Staubzucker und Eidotter schaumig rühren. Dann die flüssige Schokolade dazurühren und leicht salzen. Eiweiß halbfest schlagen, Kristallzucker dazugeben und steif schlagen. Gesiebtes Mehl und Schnee abwechselnd unter die Butter-Dottermasse heben. Auf eine Backmatte 3 cm dick aufstreichen und bei 170 °C für 20 Minuten backen. Anschließend mit einem 5 cm hohen und 8 cm breiten Ring ausstechen.

ZUTATEN FÜR DAS PARFAIT: 1 kg Gänseleber • 6 g Salz
3 g Pökelsalz • 1 EL Honig • 40 g weißer Port, auf die Hälfte reduziert
20 g Orangenlikör • weißer Pfeffer • Muskat • Cayenne
2 EL Erdmandelöl

ZUBEREITUNG: Gänseleber von Haut und Adern befreien. Den Rest in zentimetergroße Würfel schneiden. Sämtliche Abschnitte passieren und zu den Würfeln mengen. Würzen und am besten vakuumiert für etwa 24 Stunden marinieren. Anschließend in Terrinenform füllen und bei 47 °C für etwa 20 Minuten garen. Erkalten lassen und in jeweils vier Ringe mit Schokoladenbiskuit etwa 3 cm hoch einfüllen.

ZUTATEN FÜR DIE GLASUR: 100 g Schokolade mit 70 % Kakao-Anteil
70 g geklärte Butter • 30 g Erdmandelöl

ZUBEREITUNG: Alles langsam schmelzen und glatt rühren. Etwas überkühlen lassen und die Gänseleber glacieren.

ZUTATEN FÜR DIE GEBRATENE GÄNSELEBER:
4 Gänseleberscheiben à 50 g • Salz • Pfeffer • etwas Mehl zum Braten
Spritzer Orangenlikör • etwas Kalbsjus

ZUBEREITUNG: Gänseleber würzen, mehlieren, heiß anbraten, wenden und auf der anderen Seite ebenfalls Farbe nehmen lassen, dann mit Orangenlikör ablöschen.
Gänseleber anrichten, mit dem reduzierten Orangenlikör von Bratensatz und Kalbsjus nappieren und mit etwas Erdmandelöl beträufeln

FÜR DIE GARNITUR: Mit reduziertem Portwein und Thymian garnieren.

Steinbutt mit Artischocken, Pilzen & Kräuter-Erdmandelessenz

ZUTATEN FÜR DIE KRÄUTER-ERDMANDELESSENZ: 40 g Basilikumblätter • 40 g gezupfter Petersil 20 g gezupfter Liebstöckl • 40 g Pinienkerne • 20 g Pistazien • 1 kleine Knoblauchzehe • 2 TL Meersalz 50 g Olivenöl • 50 g Maiskeimöl • 50 g Erdmandelöl • 1 Steinbuttfilet mit ca. 500 g

ZUBEREITUNG: Sämtliche Zutaten bis auf die Kräuter einmal aufmixen. Nach und nach die Kräuter zugeben und bei höchster Stufe so fein wie möglich pürieren.
Steinbuttfilet in vier gleiche Stücke portionieren, jeweils mit Kräuter-Erdmandelessenz dünn bestreichen und mit Klarsichtfolie ohne Berührung bedecken. Im Ofen bei 70 °C für etwa 12 Minuten garen.

ZUTATEN FÜR DIE ARTISCHOCKEN: 4 Artischocken • 1 Zitrone • Salz • Pfeffer • Koriandersamen etwas Zucker • Thymian

ZUBEREITUNG: Artischocken putzen und in Wasser mit sämtlichen Aromen weich kochen. Im Fond erkalten lassen. Anschließend in gefällige Stücke schneiden und in Butter, Oliven- und Erdmandelöl wärmen. Würzen und anrichten.

ZUTATEN FÜR DIE PILZE: 8 Kräutersaitlinge • 1 TL Olivenöl • 1 TL Erdmandelöl • 1 TL Butter • Salz Pfeffer • Koriandersamen aus der Mühle • etwas Paprikapulver • etwas Curcuma • etwas Kümmel, gemahlen 1 TL grob gehackter Kerbel • marinierte Pilze für die Garnitur

ZUBEREITUNG: Öle und Butter aufschäumen und die Pilze darin langsam Farbe nehmen lassen.
Sämtliche Gewürze gemeinsam mit dem grob gehackten Kerbel zugeben und durchschwenken.
Pilze mit etwas Erdmandelöl beträufeln.

ZUTATEN FÜR DIE SPARGEL: 20 Stück Thaispargelspitzen • 2 EL Olivenöl • 2 EL Butter • 2 EL Wermut Salz • etwas Zucker • 1 angedrückter Zitronengrashalm

ZUBEREITUNG: Spargel mit sämtlichen Zutaten bedeckt im Rohr langsam bissfest garen.

ZUTATEN FÜR PAPRIKASIRUP: 2 rote Paprika • Salz • Pfeffer • Koriander aus der Mühle • etwas Zucker etwas Zitronensaft • Butter • Olivenöl

ZUBEREITUNG: Paprika im Rohr bei starker Hitze bräunen. Anschließend von Haut und Kerngehäuse befreien und mit den restlichen Zutaten fein mixen und passieren.

Gebackene Apfelravioli mit Calvados & Vanille

ZUTATEN FÜR DIE RAVIOLI: 500 g fertiger Mürbteig • 6 große Äpfel
Saft & Abrieb einer Zitrone • 80 g Zucker • 50 g Rosinen • 10 g Rum • etwas Zimt

ZUBEREITUNG: Rum gemeinsam mit Zucker und Rosinen zu einem Sirup einkochen. Äpfel schälen, grob reiben und beigeben. Restliche Zutaten hinzufügen und etwas dünsten lassen. Auf ein Blech aufstreichen und kalt stellen. Die Hälfte des Mürbteiges 3 mm stark ausrollen, Apfelfülle in gleichmäßigen Abständen darauf verteilen und die Zwischenräume mit Eigelb bestreichen. Den restlichen Mürbteig auf die gleiche Stärke ausrollen, darauf legen und Ravioli ausstechen. Mit Eigelb bestreichen und bei 200 °C für ca. 10 Minuten goldgelb backen.

ZUTATEN FÜR DAS VANILLEEIS: 1/4 l Milch • 1/4 l Obers • 60 g Zucker
50 g Vanillezucker • 5 cl Rum • 7 Dotter • 1/2 Vanilleschote • Erdmandelöl zum Beträufeln

ZUBEREITUNG: Milch, Obers und Zucker mit der ausgekratzten Vanilleschote aufkochen lassen, Rum beigeben und mit den Eigelben zu „Rose abziehen". Abseihen und in der Eismaschine cremig frieren.

ZUTATEN FÜR DIE SABAYONE: 2 Dotter • 2 EL Zucker • 1/16 l Wein • 2 cl Calvados

ZUBEREITUNG: Alle Zutaten verrühren und über Dampf luftig aufschlagen.

ZUTATEN FÜR DIE KRISTALLE: 1 Apfel • 1/2 l Läuterzucker (1:1) • etwas Zitronensaft

ZUBEREITUNG: Apfel in dünne Scheiben schneiden und gemeinsam mit den anderen Zutaten flach vakuumieren. Für einige Minuten pochieren und anschließend abschrecken. Die Scheiben auf Backpapier oder einer Silikonmatte ausbreiten und bei ca. 60 °C trocknen lassen.

ANRICHTEN: Ravioli auf Teller verteilen und mit den Apfelkristallen garnieren. Vanilleeis im Glas anrichten, mit Erdmandelöl beträufeln und mit Sabayone auffüllen.

Hanföl

ZWISCHEN GALGENSTRICK UND GOURMETKÜCHE

DAS ÖL

Die ursprünglich aus Südrussland und Westsibirien stammende und zu den Brennnesselgewächsen *(Urticiflorae)* zählende Hanfpflanze lässt sich, wie man weiß, vom Galgenstrick bis zur halluzinogenen Droge recht vielfältig einsetzen – was dem Ruf des Hanfes nicht immer nur dienlich war. Gerade in jüngster Zeit hat man jedoch die Hochwertigkeit des Hanföls erkannt, das von Ernährungsmedizinern wegen des hohen Anteils an ungesättigten Fettsäuren und Vitamin E als äußerst gesund eingestuft wird. Eine Besonderheit des Hanföls ist, dass darin alle vom menschlichen Körper benötigten essentiellen Fettsäuren enthalten sind.

Hanföl aus kalter Pressung ist von grünlich-gelber Farbe und hat den Geschmack der Samen. Bei warmgepresstem Öl hat eine starke Chlorophyll-Extraktion stattgefunden, die das Öl in ein schillerndes Dunkelgrün taucht. Das Hanföl hat einen extrem hohen Anteil an gesunden ungesättigten Fetten (Ölsäure 12 %, Linolsäure 53 % und Linolensäure 24 %).

Abgesehen von seiner Eignung für die Kosmetikindustrie (Seifen, Massageöle, Salben, Cremes und Shampoos), lässt sich Hanföl ausgezeichnet in der Küche verwenden. Vor allem bietet es sich als wertvolle Ergänzung für Gerichte aus Naturküche (Dinkel, Vollwert, Gemüse) an, passt jedoch auch exzellent zu Fischen und mediterranen Gerichten. Ein besonderer Tipp sind Carpaccios aller Art, aber ganz besonders Steinpilzcarpaccio.

DER KOCH

EMANUEL PECENY

„Vineyard" – so heißt der neue Restaurant-Hotspot im Kamptaler Weinland, dessen gastronomisches Konzept Küchenchef Emanuel Peceny von Anfang an mitentworfen hat. In der zum „magischen Weinwürfel" des angeschlossenen „Loisiums" kongenial entworfenen Architektur von Star-Designer Steven Holl kocht Peceny mit einem tollen jungen Team bravourös inmitten einer mystischen Wein- und Kellerwelt auf, die das Thema Wein & Genuss vor allem „sinnlich begreifbar machen" will.

Vine & Spa Ressort Loisium Hotel
Restaurant Vineyard
Loisium Allee 2, 3550 Langenlois
www.loisiumhotel.at

DAS MENÜ

Carpaccio vom Waldviertler Rind mit Buttermilch und Hanföl

Brennnesselsuppe mit Lupinenwaffel

Lammrücken mit Blunzenlasagne und geschmorten Paradeisern

Schokoladen-Hanftarte mit Vanilleeis und Erdbeerragout

Carpaccio vom Waldviertler Rind mit Buttermilch und Hanföl

ZUTATEN: 400 g Rindsfilet
200 ml Buttermilch • 12 EL Hanföl
100 g Parmesan • 4 Wachteleier
4 Zuckerschoten • ein paar Salatblätter
Salz • Pfeffer

ZUBEREITUNG: Das Rindsfilet zuputzen, in ca. 5 mm dicke Scheiben schneiden und zwischen zwei Klarsichtfolien mit dem Fleischklopfer papierdünn klopfen. Die Wachteleier 3 min. im Wasser kochen und sofort abschrecken, anschließend schälen.
Die Zuckerschoten ebenfalls ca. 1 min. im Wasser kochen und sofort abschrecken.
Je zwei Löffel Buttermilch auf die Teller verteilen und das Carpaccio darüber legen.
Das Carpaccio gleichmäßig mit Hanföl einstreichen und mit Salz und Pfeffer würzen.
Aus den Salatblättern ein kleines Bouquet herrichten und aufs Carpaccio setzen.
Die Wachteleier halbieren und die Zuckerschoten der Länge nach auf einer Seite aufschneiden und aufklappen.
Beides auf oder um das Salatbouquet anrichten.

Brennnesselsuppe mit Lupinenwaffel

ZUTATEN FÜR DIE BRENNNESSELSUPPE: 100 g Butter • 130 g Zwiebeln • 200 g Knollensellerie
130 g mehlige Erdäpfel • 180 ml Milch • 500 ml Rindssuppe • 100 g Sauerrahm • 270 g junge Brennnesseln
Salz • Pfeffer • Muskatnuss • Hanföl

ZUBEREITUNG: Alles Gemüse schälen und grob würfelig schneiden. Die Zwiebeln in der Butter glasig dünsten und anschließend den Sellerie und die Erdäpfel mitdünsten. Mit der Rindssuppe und der Milch aufgießen und weich kochen, mit Salz, Pfeffer und Muskatnuss abschmecken. Die Blätter der Brennnesseln, geschützt mit einer dicken Schicht Einweghandschuhe, vom Stiel zupfen und waschen. Wenn das Gemüse weich ist, die Suppe vom Herd nehmen, die Brennnesselblätter und den Sauerrahm dazugeben und mittels Pürierstab fein mixen und durch ein feines Sieb passieren. Die Suppe mit Hanföl abschmecken und kurz vor dem Servieren nochmals aufheizen.

ZUTATEN FÜR DIE LUPINENWAFFEL: 100 g Butter • 2 Eier • 60 g Maizena • 20 g Mehl • 15 g Lupinenmehl
5 g Lupinengranulat • 1/2 Packet Backpulver

ZUBEREITUNG: Die weiche Butter schaumig schlagen und die Eier nach und nach dazugeben. Alles andere miteinander vermischen und unter die Butter rühren. Die Masse gut durchkühlen. Anschließend die Masse im Waffeleisen gleichmäßig verteilen und goldgelb backen. Die fertige Waffel in der Suppe anrichten und mit einer Brennnesselspitze dekorieren.

Lammrücken mit Blunzenlasagne und geschmorten Paradeisern

ZUTATEN FÜR DEN LAMMRÜCKEN: 1 Lammrücken (ca. 1 kg mit Koteletteknochen) • Salz • Pfeffer • 2 Thymianzweige • 3 Wacholderbeeren • Hanföl
3 dl brauner Kalbsfond

ZUBEREITUNG: Den Lammrücken mit Salz und Pfeffer würzen und mit Hanföl einstreichen. Dann auf allen Seiten heiß anbraten und die Thymianzweige und Wacholderbeeren dazu geben. Anschließend im Rohr bei 180 °C für ca. 12 min. fertig braten. Das Fleisch aus der Pfanne nehmen und ca. 10 min. ruhen lassen. Den zurückgebliebenen Bratensatz mit dem braunen Kalbsfond aufgießen.

ZUTATEN FÜR DIE BLUNZENLASAGNE: 200 g Blunzenstange
etwas Mehl zum Mehlieren • Öl zum Anbraten • 300 g mehlige Erdäpfel
50 g Butter • 100 ml Milch • Salz • Pfeffer • Muskatnuss • 50 g Bärlauch

ZUBEREITUNG: Die Erdäpfel schälen, in große Würfel schneiden und in viel Salzwasser kochen. Milch und Butter aufkochen und mit den Gewürzen vorwürzen. Die gekochten Erdäpfel durch ein feines Sieb in die Milch streichen. Den Bärlauch grob hacken, in ein wenig Milch geben, mit dem Pürierstab mixen und durch ein feines Sieb in das Erdäpfelpüree gießen. Nochmals abmischen und abschmecken.
Kurz vor dem Anrichten die Blunze in 5 mm dicke Scheiben schneiden und auf ca. 40 mm Durchmesser ausstechen. Danach die Blunzenräder beidseitig mehlen und kurz heiß anbraten.
Die Räder auf Küchenpapier abtupfen, danach das erste Rad auf den Teller legen, einen Löffel mit Bärlauchpüree darauf setzen, darauf wieder ein Blunzenrad und das Ganze fortsetzen, bis die gewünschte Größe erreicht ist.

ZUTATEN FÜR DIE GESCHMORTEN PARADEISER: 500 g Cocktailparadeiser mit Rispe • Salz • Pfeffer • 2 Knoblauchzehen • Hanföl

ZUBEREITUNG: Die Cocktailparadeiser mit der Rispe in eine feuerfeste Form geben, mit Salz und Pfeffer würzen, mit Hanföl beträufeln und die Knoblauchzehen dazulegen. Das Ganze bei 150 °C für ca. 20 min. ins Rohr legen, bis die Paradeiser schön weich sind.

Schokoladen-Hanftarte mit Vanilleeis und Erdbeerragout

ZUTATEN FÜR DEN MÜRBTEIG: 300 g Mehl • 200 g Butter • 100 g Staubzucker
1 Dotter • 1 Prise Vanillezucker • 1 Prise Salz • abgeriebene Schale einer halben Zitrone

ZUBEREITUNG: Mehl auf eine Arbeitsfläche sieben und in der Mitte eine Mulde formen. In diese kalte, in kleine Würfel geschnittene Butter, Staubzucker, Eidotter, Salz, Vanillezucker und Zitronenschale legen. Mit der Hand rasch zu einem Teig verarbeiten und im Kühlschrank 1 Stunde ruhen lassen.
Anschließend den Teig ca. 4 mm dick ausrollen und mit einem Ausstecher 4 ca. 12 cm große Scheiben ausstechen. Diese in mit Hanföl ausgestrichene, 10 cm große Tartelette-Förmchen einlegen und bei 175 °C ca. 7 min. goldgelb backen und auskühlen lassen.

ZUTATEN FÜR DIE SCHOKOLADEN-HANFMASSE: 50 g Kuvertüre mit 70 % Kakaoanteil
45 g Butter • 2 Eier • 70 g Staubzucker • 30 g Mehl, glatt • 60 ml Hanföl

ZUBEREITUNG: Kuvertüre über einem heißen Wasserbad schmelzen und mit den restlichen Zutaten zu einer Masse verrühren. Diese anschließend in die vorgebackenen Mürbteigschüsseln füllen und bei 180 °C ca. 13 min. backen.

ZUTATEN FÜR DAS VANILLEEIS: 125 ml Milch • 125 g Obers • 50 g Kristallzucker
1 Ei • 1 Eidotter • 1 Vanilleschote

ZUBEREITUNG: Milch, Obers, Zucker, ausgekratztes Vanillemark mit der aufgeschlitzten Schote aufkochen. Eidotter, Ei und Zucker verrühren und unter die Vanille-Obers-Milch mischen. Die Vanilleschote entfernen. Die Masse mit dem Stabmixer gut aufmixen, da sie sonst beim Frieren klumpt bzw. grießelig wird. Weiters die Masse durch ein Sieb in eine kalte Schüssel gießen, abkühlen lassen und in einer Eismaschine frieren.

ZUTATEN FÜR DAS ERDBEERRAGOUT: 500 g Erdbeeren • 40 g Staubzucker
Saft einer halben, unbehandelten Zitrone

ZUBEREITUNG: 250 g der gereinigten Erdbeeren pürieren und mit Zucker, Zitronensaft und einigen Löffeln Wasser oder Mineralwasser verrühren. Die Menge der Zuckerbeigabe ist von der Reife der Früchte abhängig; im Normalfall sollten die angegebenen 40 g genügen. In die fertige Sauce frische, klein geschnittene Erdbeeren einmengen.

Haselnussöl

IM ZEICHEN DER WÜNSCHELRUTE

DAS ÖL

Für manche Feinschmecker ist es so verführerisch wie Schokolade, an deren Geschmack dieses glasklar-hellgelbe Öl auch tatsächlich erinnert. Dem Schoko-Touch gesellen sich im Laufe des Kostens dann zum Abgang hin kräftige Wald- und Gewürzaromen hinzu.
Der Haselnuss – und so auch ihrem Öl – hat man immer schon „mystische" Eigenschaften zugeschrieben. Schließlich verwenden die Wünschelrutengänger nicht zufällig Haselnusszweige zum Aufspüren unterirdischer Wasseradern. Weniger metaphysisch als durchaus medizinisch nachgewiesen ist die positive Wirkung von Haselnussöl auf Nieren, Harnwege und Nervensystem.
Haselnüsse, deren Anbau, wie Versteinerungen aus Skandinavien beweisen, bis zur Mittel- und Jungsteinzeit zurückreicht, zählen zu den wertvollsten Ölsaaten der Welt. Der Anteil von Vitamin E in ihrem Öl beträgt bis zu 35 mg (pro 100 g Öl); es ist außerdem reich an Kalzium, ungesättigten Fettsäuren (78 % einfach ungesättigte, 14 % mehrfach ungesättigte) und Mineralien. Sein Erstarrungspunkt liegt bei minus 20 °C.
In der gehobenen Kulinarik wird Haselnussöl besonders vielseitig eingesetzt und eignet sich vom Salat über die Suppe bis hin zum Dessert als probater Menübegleiter. Vor allem verleiht es durch seine Vollmundigkeit vielen Speisen eine festliche Note. Und noch ein Tipp: Die Frische von Zitrusfrüchten bringt das Öl mehr zur Geltung als die Kombination mit Essig.

DIE KÖCHIN

SUSANNE BÖCK

Seit Jahrzehnten zählt Susanne Böck unbestritten zu den *Grandes Dames* der österreichischen Spitzenküche. Dabei liegt ihr jegliches Primadonnen-Gehabe fern und die Küche, die sie in ihrem ländlichen Refugium zelebriert, ist ebenso kontemplativ wie raffiniert. Vom Sterne- und Haubenkarussell hat sich Susanne Böck auf eigenen Wunsch längst verabschiedet und dafür an Lebensqualität für sich und ihre Familie gewonnen. Susanne Böck darf mit Recht für sich beanspruchen, an der Begründung dessen, was man in den 80ern und 90ern salopp den „Neuen Regionalismus" nannte, maßgeblicher als die meisten anderen beteiligt gewesen zu sein. In ihrer Küche dominiert daher auch eine ernährungsphysiologisch durchdachte Grundvernunft mit Esprit und perfekten Zutaten.

Gasthof Roter Wolf
Bahnstraße 58, 3425 Langenlebarn
Telefon: 02272/625 67

Palatschinke mit Entenfülle auf Marillenchutney

Rucolaschaumsuppe mit Lachsforelle und frittiertem Rucola

Gebratene Tauben auf Haselnusspolenta mit grünem Spargelsauté

Rahmdalken auf geschmolzenen Himbeeren mit Krokantobers

DAS MENÜ

Palatschinke mit Entenfülle auf Marillenchutney

ZUTATEN FÜR DIE FÜLLE: 400 g Entenbrust
100 g rote Zwiebeln • 1/16 l Rotwein
1/4 l Rindsuppe • 1/8 l Obers
250 g Champignons, Shii-Take oder Steinpilze,
Maizenafix • Thymian • Salz • Pfeffer
Haselnussöl

ZUTATEN FÜR DAS MARILLENCHUTNEY:
500 g Marillen • 100 g Zucker • 30 g Schalotten
15 g Ingwer • 5 Nelken • 1/2 EL Senfkörner
1/6 l Apfelessig

ZUTATEN FÜR DIE PALATSCHINKEN-PANIER: 100 g Mehl • 1 Ei • 1/16 l Haselnussöl
100 g Semmelbrösel

FÜR DIE GARNITUR: 100 g Vogerlsalat
mit Haselnussöl und Weißweinessig marinierte Blattsalate

ZUBEREITUNG: Für die Fülle Entenfleisch in Scheiben schneiden, anbraten, rote Zwiebeln im Bratrückstand mitsautieren, mit Rotwein ablöschen, Suppe hinzufügen und das Entenfleisch zugedeckt weich dünsten. Das Entenfleisch ausstechen und kleinwürfelig schneiden, den Saft abseihen, Obers zugeben.
Die Pilze, kleinwürfelig geschnitten und sautiert, mit dem Entenfleisch in die Sauce geben, mit Maizenafix binden, würzen und erkalten lassen.
10 Palatschinken ausbacken, zu zwei Dritteln mit der Masse füllen, rollen und mit der vorbereiteten Sesampanier panieren.
Für das Chutney die Marillen und Schalotten zerkleinern, mit den übrigen Zutaten aufkochen und erkalten lassen. Die Palatschinken rundherum in Haselnussöl knusprig braten, mit der Salatgarnitur und dem Chutney auf dem Teller anrichten.

Rucolaschaumsuppe mit Lachsforelle und frittiertem Rucola

ZUTATEN: 150 g Rucola (davon 50 g für die Einlage frittieren) • 2 Schalotten • 500 ml Geflügelfond
380 ml Obers • 100 g Butter • Haselnussöl • pflanzliche Suppenwürze • 1 Lachsforelle

ZUBEREITUNG: Schalotten fein schneiden, in Haselnussöl anschwitzen, mit Geflügelfond und Obers aufgießen, zwanzig Minuten köcheln lassen.
100 g Rucola blanchieren, in Eiswasser abschrecken, Suppe mit Rucola aufkochen, mixen und durch ein feines Sieb passieren.
50 g Rucola in Haselnussöl frittieren, das Lachsforellenfilet in Stücke schneiden, mit Salz und Pfeffer würzen, sanft anbraten, in die fertige Suppe Haselnussöl einmixen, mit der Lachsforelle und frittiertem Rucola anrichten.

Gebratene Tauben auf Haselnusspolenta mit grünem Spargelsauté

ZUTATEN FÜR DIE TAUBEN: 4 Tauben • Salz • Pfeffer • Haselnussöl • etwas Geflügelfond

ZUBEREITUNG: Die halbierten Tauben mit Salz und Pfeffer würzen, in Haselnussöl anbraten, im Rohr bei 180 °C ca. fünf Minuten weiterbraten, anschließend rasten lassen.

ZUTATEN FÜR DIE HASELNUSSPOLENTA: 70 g Polenta (Maisgrieß) • 1/4 l Milch • 1/4 l Obers 150 g geröstete, gehackte Haselnüsse • Salz • vegetative Würze • etwas Haselnussöl

ZUBEREITUNG: Den Maisgrieß in etwas Haselnussöl anschwitzen, mit Milch-Obersmischung aufgießen und auf kleiner Flamme ca. eine Stunde unter häufigerem Umrühren ausquellen lassen, würzen und die gehackten Haselnüsse sowie etwas Haselnussöl darunter rühren.

SPARGELSAUTÉ: Spargel • Salz • Haselnussöl

ZUBEREITUNG: Den grünen Spargel quer halbieren, längs in feine Scheiben schneiden, mit Salz würzen und in Haselnussöl sautieren.

Rahmdalken auf geschmolzenen Himbeeren mit Krokantobers

ZUTATEN FÜR DIE RAHMDALKEN:
250 g Sauerrahm • 20 g Germ • 2 Dotter
1 Ei • 190 g glattes Mehl • Vanillezucker

ZUBEREITUNG: Für die Dalken den Sauerrahm etwas erwärmen, die restlichen Zutaten damit vermengen und mindestens eine halbe Stunde lang gehen lassen. In einer Dalkenpfanne mit Nussöl herausbacken.

ZUTATEN FÜR DAS KROKANTOBERS:
1/2 l Obers • 120 g weiße Schokolade
120 g Haselnusskrokant

ZUBEREITUNG: Obers mit Schokolade aufkochen, durchmixen, zehn Stunden im Kühlschrank ruhen lassen. Den geriebenen Krokant beifügen und wie Schlagobers aufschlagen.

ZUTATEN FÜR DIE GESCHMOLZENEN HIMBEEREN: 500 g Himbeeren
40 g Staubzucker • Haselnussöl

ZUBEREITUNG: Die Himbeeren mit dem Zucker in einer Pfanne schmelzen, einen guten Schuss Haselnussöl beifügen und leicht verrühren.

Kürbiskernöl

KERNSPALTUNG AUF GUT STEIRISCH

DAS ÖL

Der steirische Ölkürbis ist viel mehr als nur eine der heute weltweit 800 Sorten Kürbisfamilie. Die ursprünglich aus Mexiko stammende und in Europa weitergezüchtete *Cucurbita pepo*, exakt: *Cucurbita pepo L. convar. pepo var. styriaca GREB*, ist deswegen eine echte Rarität, weil aus den in ihr enthaltenen schwarzen Kernen eines der gesündesten Öle der Welt gepresst werden kann. Kaum zu glauben, dass die heute so begehrten steirischen Kürbisse noch vor gar nicht so langer Zeit fast ausschließlich an die Schweine verfüttert worden sind. Auch das lange Zeit als „steirische Wagenschmiere" belachte Kürbiskernöl gelangte erst im Laufe des 20. Jahrhunderts vom Arzneischrank, wo es als billiges Hausmittelchen gegen Blasen- und Prostataleiden aufbewahrt wurde, in die Speisekammer, wo es eine unentbehrliche Zutat der steirischen Kochkunst geworden ist und mittlerweile auch in Delikatessenläden zwischen Hamburg, Berlin, London und New York zu Höchstpreisen notiert.

Kürbiskernöl ist dickflüssig, von dunkelgrüner bis dunkelbrauner Farbe, die bei der Verwendung in Salaten in Zusammensetzung mit Joghurt oder Schlagobers ein kräftiges Hellgrün ergibt. Gourmets schätzen an diesem Öl sein ausgeprägtes Nussaroma, Gesundheitsbewusste seinen hohen Anteil an ungesättigten Fettsäuren.

Leider sind vom Kürbiskernöl auch viele Fälschungen in Umlauf. Doch es gibt einen Echtheitstest: Einfach einen Tropfen auf einen Teller schütten. Läuft dieser auseinander, so ist das Öl gestreckt.

Und noch ein Tipp: Kernölflecken lassen sich nicht auswaschen. Hängen Sie das Kleidungsstück stattdessen an die pralle Sonne, der Fleck verschwindet nach kurzer Zeit von selbst.

DER KOCH

RENÉ LEITGEB

René Leitgeb hat – obwohl noch jung an Jahren – wahrlich schon eine beachtliche Koch-Karriere hinter sich. Vier Jahre beim großen Jörg Wörther rechtfertigen die Bezeichnung „Wörther-Schüler" tatsächlich. Anschließend verbrachte er zwei Jahre bei Wörthers einstigem Lehrer Eckart Witzigmann auf Mallorca und dann noch vier Jahre in Sepp Schellhorns „Seehof" in Goldegg, einer der bedeutendsten Feinschmeckeradressen im an solchen wahrlich nicht armen Salzburger Pongau. Vor zwei Jahren ist Leitgeb in seine südoststeirische Heimat zurückgekehrt und hat sich in einem alten Gasthof am Rande des Zentrums von Fürstenfeld selbstständig gemacht, wo er auf eine sehr geglückte Mischung aus Bodenständigkeit, Kreativität und sympathischer Preisgestaltung setzt.

Das Leitgeb
Ledergasse 13, 8280 Fürstenfeld
www.dasleitgeb.at

Kürbis-Curryschaumsuppe mit gebratenen Garnelen

Thunfischsteak mit Käferbohnen, Knoblauchwurst und Kürbiskernöl

Rinderfilet mit geschmortem Radicchio, Topinambur und Kürbiskernpesto

Vanille-Kürbisparfait mit eingelegter Williamsbirne und Kürbiskernkrokant

DAS MENÜ

Kürbis-Curryschaumsuppe mit gebratenen Garnelen

ZUTATEN FÜR 4 PERSONEN: 2 Schalotten
Olivenöl • Butter • 1 Knoblauchzehe
10 Safranfäden • Salz • Koriander aus der Mühle
1–2 EL Currypulver • 1/4 l Weißwein
1/4 l Schlagobers • 1–1 1/2 l Gemüsefond oder Rindssuppe • 600 g Muskatkürbis, geschält
12 Garnelen • Kürbiskernöl

ZUBEREITUNG: Schalotten schälen und in feine Streifen schneiden. In Olivenöl und Butter glasig andünsten.
Muskatkürbis in Würfel schneiden, beigeben und ca. 5 min. mitdünsten. Mit Safran, Curry und Salz würzen und mit Weißwein ablöschen. Schlagobers beigeben und mit Gemüsefond auffüllen.
Weich kochen. Suppe zur gewünschten Konsistenz einkochen und mit Stabmixer pürieren und durch ein Sieb passieren. Abschmecken.
Garnelen bis zur Hälfte der Länge nach einschneiden und in Olivenöl braten, salzen und mit Koriander aus der Mühle würzen.
Garnelen auf einen Spieß aufstecken und anrichten. Mit Kürbiskernöl beträufeln.

Thunfischsteak mit Käferbohnen, Knoblauchwurst und Kürbiskernöl

ZUTATEN FÜR 4 PERSONEN: 4 Thunfischsteaks á 100 g • 120 g Käferbohnen gekocht • 1 Karotte 1 gelbe Rübe • 1 Knoblauchzehe • 1/2 Stange Lauch • Gemüsefond • Butter • 1 TL Currypulver • Salz • Pfeffer Koriander aus der Mühle • 1 Stange Knoblauchwurst • Kürbiskerne • Kübiskernöl • Zucker • Olivenöl

ZUBEREITUNG: Für das Gemüse-Käferbohnenragout Karotte und gelbe Rübe schälen und der Länge nach halbieren, in gleichmäßige Scheiben schneiden und Butter andünsten. Knoblauchzehe hacken und beigeben. Lauch waschen und in feine Streifen schneiden, danach hinzufügen.
Mit etwas Gemüsefond ablöschen und mit Salz, Pfeffer, Curry und Koriander aus der Mühle würzen.
Mit kalten Butterflocken die Sauce binden.
Knoblauchwurst mit Hilfe einer Aufschnittmaschine in feine Scheiben schneiden und in Olivenöl knusprig braten.
Kürbiskerne in Kürbiskernöl mit einer Prise Zucker bei leichter Hitze rösten.
Thunfischsteaks mit Salz und Pfeffer würzen und bei starker Hitze beidseitig rasch anbraten, auf Käferbohnengemüse anrichten und Knoblauchwurst darauf setzen.
Um das Ganze herum Kürbiskerne und Öl geben.

Rinderfilet mit geschmortem Radicchio, Topinambur und Kürbiskernpesto

ZUTATEN FÜR 4 PERSONEN: 4 Rinderfilets à 180 g • 4 Knollen Topinambure • 1 Radicchio • 100 g Kürbiskerne 180 g Kürbiskernöl • Salz • Zucker • Olivenöl • 1/2 l Rotwein • 4 EL Zucker • Butter • Pfeffer aus der Mühle

ZUBEREITUNG: Für das Kürbiskernpesto die Kürbiskerne und das Öl mit Hilfe eines „Blitzschneiders" oder eines Stabmixers zu einem Pesto verarbeiten, mit Salz und Zucker abschmecken.
Radicchio in Blätter zupfen und waschen.
Für die Rotweinreduktion Zucker karamellisieren und mit Rotwein ablöschen.
So lange einkochen, bis das Ganze sirupartig wird.
Topinambure schälen und vierteln. Diese in Olivenöl langsam braten, mit Salz und Pfeffer würzen.
Rinderfilets salzen und pfeffern. Bei starker Hitze in einer Pfanne anbraten und ca. 5 min. ins vorgeheizte Backrohr geben (ca. 220 °C). Danach herausnehmen und an einem warmen Platz rasten lassen.
Radiccio in die Rotweinreduktion legen und kurz erhitzen.
Radicchio auf Tellern anrichten, Rinderfilets darauf setzen, mit Topinamburen umgeben.
Mit Pesto und Rotweinreduktion abschließen.

Vanille-Kürbisparfait mit eingelegter Williamsbirne und Kürbiskernkrokant

ZUTATEN: 4 Eier • 100 g Kristallzucker
2 Vanilleschoten • 1/2 l geschlagenes Obers
2 cl Amaretto • 4 cl Kürbiskernöl
100 g gemahlene Kürbiskerne • 2 Williamsbirnen
1/2 l Weißwein • 3 EL Honig • 1 Lorbeerblatt
1 Vanilleschote • 1 Sternanis • 5 Korianderkörner
3 Wacholderbeeren • 300 g Kristallzucker
100 g Kürbiskerne

ZUBEREITUNG: Für das Parfait die Eier mit dem Zucker und den Vanilleschoten über Wasserdampf warm aufschlagen.
Mit Hilfe eines Mixers kalt schlagen.
Geschlagenes Obers unterheben und Amaretto beigeben.
Die Hälfte dieser Masse nun mit Kürbiskernöl und gemahlenen Kernen „einfärben".
Nun schichtweise in eine Form einfüllen.
Mindestens 4 Stunden lang gefrieren.
Birnen schälen und der Länge nach halbieren.
Kerngehäuse ausschneiden.
Aus Weißwein und Gewürzen Gewürzsud herstellen. Birnen darin weich dämpfen.
Zucker langsam karamellisieren, Kürbiskerne beigeben und das Ganze warm zwischen 2 Backpapierblättern dünn ausrollen.
Auskühlen. Stücke abbrechen und Gericht wie auf dem Foto anrichten.

Leinöl

VOM GARTENZAUN BIS ZUM VANILLEEIS

DAS ÖL

Flachs, aus dessen Früchten das Leinöl gewonnen wird, gehört zu den ältesten und interessantesten Kulturpflanzen der Menschheit. In der Bibel wird eine Flachsmissernte zu den sieben Plagen gezählt, die die Ägypter heimsuchen. Schon die Totentücher der Pharaonen wurden aus Leinengarn gewebt und seither ist das Nebeneinander des schmackhaften Leinsamens und edler Textilien über die ganze Welt verbreitet. Um das Jahr 1100 beschreibt der Mönch Theophilus, wie aus Leinsamen Öl gewonnen wird. Karl der Große hat, wie auch andere deutsche Kaiser und Könige, den Leinanbau in Mitteleuropa stark gefördert.

Lein war bis ins 20. Jahrhundert der wichtigste Grundstoff für die Herstellung von Tuch. Die mächtige Handelsfamilie Fugger wurde durch den Leinenhandel reich. Und im Mühlviertel, einer alten Hochburg des Textilhandwerks, wird bis heute das vielseitig verwendbare Öl aus der Leinsaat gepresst und erfreut sich allmählich auch außerhalb des Mühlviertels wieder größerer Beliebtheit. Von allen pflanzlichen Ölen enthält Leinöl den höchsten Anteil dreifach ungesättigter Fettsäuren. Leinöl fehlt aufgrund der damit verbundenen wohltuenden Wirkungen auf die Verdauungs- und Atmungsorgane, aber auch bei vielen anderen Beschwerden in keiner Mühlviertler Hausapotheke.

Während heißgepresstes Leinöl vor allem als Verdünnungs-, Binde- und Trockenmittel oder in Form von Leinölfirnis zur Pflege des Gartenzauns eingesetzt wird, ergibt das kaltgepresste Öl auch ein hervorragendes Speiseöl. Leinöl hat eine schöne goldgelbe Farbe. Der Geschmack ist von expliziter Schärfe, süßlich-bitter und leicht widerborstig im Abgang.

Aufgrund seiner spezifischen Eigenschaften wird Leinöl vor allem zur Verfeinerung kalter Gerichte angewandt. Will man es mit warmen Speisen kombinieren, so ist wegen des hohen Anteils an Linolensäure Vorsicht geboten und man sollte das Öl nicht zu hoch erhitzen, sondern nur zur Geschmacksbildung vor dem Servieren über das Gericht (z. B. Salzerdäpfel) träufeln oder in Saucen einrühren.

DER KOCH

HELMUT RACHINGER

Helmut Rachinger wurde in Neufelden im Mühlviertel geboren und ist dort in idyllischer Lage direkt an einem kleinen Stausee der großen Mühl aufgewachsen. Nach seiner Ausbildung zum Koch und seiner Tätigkeit in verschiedenen österreichischen Spitzenrestaurants leitet er nun schon seit vielen Jahren zusammen mit seiner Schwester Johanna den traditionsreichen Mühltalhof in sechster Generation. Von jeher einer natürlichen, saisongerechten Küche verpflichtet, kann er hier seine Kochphilosophie erfolgreich verwirklichen, die in der harmonisch-sinnlichen Kombination von Wildpflanzen und klassischer Küche besteht.

Restaurant Mühltalhof
Unternberg 6, 4120 Neufelden
www.muehltalhof.at

DAS MENÜ

Mühlviertler Erdäpfelgedeck

Warmer Eisbergsalat

„Schindlforelle" mit Leinölerdäpfeln

Leinölcremeeis mit Vanille

Mühlviertler Erdäpfelgedeck

ZUTATEN FÜR ERDÄPFELKÄSE: ca. 1/2 kg mehlige Erdäpfel • 3 EL Sauerrahm • fein geschnittene Zwiebel Knoblauch • 3 EL Leinöl • Muskat • Salz • Pfeffer

ZUBEREITUNG: Erdäpfel mit der Schale weich kochen, schälen, passieren. Zwiebel und Knoblauch einmal heiß abschwemmen. Mit Leinöl, Sauerrahm, Muskat, Salz und Pfeffer cremig verrühren. Beim Anrichten mit etwas Leinöl beträufeln und mit frischem Schnittlauch überstreuen.

ZUTATEN FÜR LEINSAMEN-ERDÄPFELBROT: ca 1/2 kg mehlige Erdäpfel • 1 Würfel Germ • 0,2 l Milch 700 g Weizenmehl • 4 EL Leinöl • 1 KL Salz • 2 KL Anis • 2 EL Leinsamen, geschrotet • Muskat

ZUBEREITUNG: Rohe Erdäpfel schälen. Mit dem Cutter fein hacken. Germ in lauwarmer Milch auflösen und alles zusammen zu einem glatten Teig verarbeiten. An einem warmen Ort um die Hälfte gehen lassen, nochmals zusammenkneten. Leibe oder „Striezel" formen, im bemehlten „Körberl" gehen lassen. Auf das Backblech stürzen und bei 160 °C Heißluft eine 3/4 Stunde backen.

ZUTATEN FÜR LEINÖLDIP MIT SESAM: 1/8 l Leinöl • 1/16 l mildes Sesamöl • 1 EL Sojasauce • 1 Knoblauchzehe, gehackt • kleines Stück Ingwer, gehackt • 2 EL Sesamsamen, geröstet • 1/8 l Balsamico • 1 EL Zucker

ZUBEREITUNG: Den Balsamico mit dem Zucker einreduzieren. Sesam leicht rösten und mit den restlichen Zutaten gut verrühren.

Warmer Eisbergsalat

ZUTATEN: ein Kopf fester Eisbergsalat • 4 dünne Scheiben Bauchspeck • 1 süßer Apfel • 1 EL Zucker
1/16 l Apfel-Balsamessig • 2 EL Zucker • 1/16 l Süßmost • Granatapfelkerne • 1 Blutwurst • 1/16 l Leinöl
Salz

ZUBEREITUNG: Für die Marinade den Zucker karamellisieren, mit Apfelessig und Most ablöschen, salzen. Nach Geschmack einkochen. Apfelbrunoise und Granatapfelkerne darin schwenken. Dann Leinöl dazurühren. Die Blutwurst in Scheiben schneiden, panieren und backen. Das Eisberghäuptl vierteln und bei mittlerer Hitze mit den Speckscheiben in eine Pfanne geben. Beim Anrichten mit warmem Leinöl Vinaigrette nappieren. Mit Speckscheiben und „Blunzenradln" arrangieren.

„Schindlforelle" mit Leinölerdäpfeln

ZUTATEN: 4 Forellenfilets • 60 g Butter • 40 ml Whiskey • 20 ml Wasser • Zitronenthymian (je nach Geschmack etwa 2–3 Zweige) • Salz

ZUBEREITUNG: Frisch gespaltene „Zedernholzschind'ln" oder „Lärchenschind'ln" im Rohr 1/2 Stunde bei 80 °C vorwärmen. Frisches Forellenfilet entgräten und von der Haut schneiden. 1 Löffel Butter mit 1 Löffel rauchigem Whiskey (Lagavulin, Jack Daniels), etwas gewässert, und Zitronenthymianzweig in einer Pfanne schmelzen und einmal kurz aufkochen. Beiseite stellen, abkühlen lassen und Forellenfilets darin wenden. Das Filet auf das warme „Zedernschind'l" legen, mit restlichem „Saftl" aus der Pfanne beträufeln und salzen. Zweites warmes „Schind'l" darauf legen und weiters 15 min. bei 80 °C im Rohr garen.
Im Holz serviert, veredelt das feine, harzige Aroma den Genuss!

ZUTATEN FÜR LEINÖLERDÄPFEL: 1 1/2 kg Erdäpfel • ca. 1/16 l Leinöl • 1/8 l Milch • 1/8 l Schlagobers
1 EL Leinsamen, geschrotet • Salz • Muskat

ZUBEREITUNG: Erdäpfel dämpfen, schälen, blättrig schneiden. Milch und Obers aufkochen. Leinsamen und Erdäpfel dazugeben, sämig kochen. Mit Salz und Muskat abschmecken. Leinöl unterrühren und heiß servieren.

Leinölcremeeis mit Vanille

ZUTATEN: 8 Dotter
12 dag Zucker • 11/2 l Milch
1/16 l Leinöl • halbe Vanilleschote

ZUBEREITUNG: Dotter mit 1/3 Zucker schaumig schlagen; Milch, restlichen Zucker und Vanilleschote aufkochen lassen. Milch mit Dottermasse bis zur Rose abziehen.
In die Sorbetmaschine geben, Leinöl langsam einrühren.
Beim Anrichten mit etwas Leinöl übergießen.

VARIANTE: Man rührt das Leinöl ein, füllt es in beliebige Formen oder friert es wie ein Parfait ein.
Das gefrorene Leinölsorbet erinnert an frisch gebackenen Mürbteig.

ZUTATEN FÜR LEINÖLKROKANT:
Leinsamen

ZUBEREITUNG: Zucker goldgelb karamellisieren, mit geschroteten Leinsamen verrühren.
Zwischen Backpapier dünn ausrollen. Kalt in Stücke brechen.

Mandelöl

DIE ESSENZ VON LIEBE UND FRUCHTBARKEIT

DAS ÖL

Schon die militärischen alten Römer liebten es, wenn ihre Mandelbäumchen in Reih und Glied blühten. Sie haben den Mandelbaum zwar kultiviert, sein Ursprungsland liegt jedoch in Zentralasien, von wo ihn die Griechen im 6. Jh. v. Chr. nach Westeuropa gebracht haben. Die griechische Mythologie kennt auch entsprechend viele Sagen und Legenden, die unter dem Mandelbäumchen spielen, und fast alle erzählen von Liebe, Sehnsucht und Fruchtbarkeit. Für den kulinarischen Genuss sind indessen nicht die Früchte aller Mandelbäume geeignet. Grundsätzlich unterscheidet man dabei Süß- und Bittermandeln. Während die Bittermandel ein *Amygdalin* enthält, das sich in Verbindung mit Wasser in Blausäure *(Zyanid)* verwandelt, boten sich die Varietäten der Süßmandel *(Prunus amygdalus dulcis)* von Anfang an zur Kultivierung quer über den Mittelmeerraum an. Neben dem Olivenöl ist das Mandelöl mit seinem kräftig-frischen nussigen Röstgeschmack und der hellgelben Farbe eines der beliebtesten Öle dieser Region. Die Hauptbestandteile des Mandelöls sind Ölsäure mit 77 % und Linolsäure mit 20 %, das Öl ist aber auch reich an Vitamin E und A.

Vor allem die Kosmetik-Hersteller entdeckten die Vorzüge des süßen Mandelöls. Es gibt kaum eine Schönheitscreme, Seife, Gesichtsmasken oder Haarpackungen, in welchen es nicht enthalten wäre. Die ayurvedische Medizin verwendet Mandelöl als Stimulans für Seh- und Gedächtniskraft, aber auch als Aphrodisiakum. In China wird Mandelöl wegen seiner leicht schmerzlindernden Wirkung als Mittel gegen Muskelverspannungen geschätzt, auch für die Epidermisregeneration bei Schuppenflechte spielt es eine große Rolle. Und Mandelöl ist ein Lieblingselixier von Köchinnen und Köchen (vor allem auch von Patissiers), die das Besondere lieben.

Es harmoniert sowohl mit süßen als auch mit pikanten Geschmäckern, es verträgt sich mit Salat, Gemüse und Fisch. Eine unentbehrliche Zutat ist es für viele asiatische Küchen, insbesondere für jene des indischen Subkontinents. Auffällig ist auch die Harmonie, die Mandelöl mit Enten- und Entenlebergerichten aller Art einzugehen vermag.

DIE KÖCHIN

ELISABETH GRABMER

„Köchin als Beruf, das lag mir fern." Wenn Elisabeth Grabmer das heute sagt, mag man das kaum glauben. Tatsächlich entdeckte sie die „weite Welt der Gastronomie" zunächst im Seefelder „Klosterbräu", wo sie 4 Jahre lang das A-la-carte-Restaurant leitete. 1986 absolvierte sie als eine der ersten Frauen Österreichs die Sommelierprüfung und lernte auf einer Weinverkostung ihren heutigen Ehemann kennen. Gemeinsam mit ihm übernahm sie dessen elterlichen Mostheurigen und baute ihn 1990 zu einem Restaurant um. „Bald merkte ich, welche Freude mir diese Arbeit bereitete." Inzwischen kann Elisabeth Grabmer sich mit 2 Hauben und 1 Michelin-Stern schmücken.

Restaurant Waldschänke
Kickendorf 15, 4710 Grieskirchen
www.waldschaenke.at

Topinambursuppe mit Mandelöl und knusprigem Melanzanitatar

Saiblingsfilet mit gedünstetem Kochsalat und Mandelöl

Kaninchenrücken in Mandelöl, gegart mit jungen Gemüsen und Mandelkernpesto

Mousse von gerösteten Mandeln mit Himbeeren und Strohbiskuit

DAS MENÜ

Topinambursuppe mit Mandelöl und knusprigem Melanzanitatar

ZUTATEN FÜR 4 PERSONEN:
400 g Topinambure • 1 Schalotte
40 g Butter • 600 ml Gemüsebrühe
250 ml Obers • Salz • Pfeffer • Muskatnuss
20 g geröstete Mandeln • 3 EL Mandelöl

ZUTATEN FÜR DAS MELANZANI-TATAR: 2 Melanzani • 1 Thymianzweigerl
1 Knoblauchzehe • Salz • Pfeffer
gemahlener Kümmel • 1 Zitrone
2 EL Mandelöl • 1 Zweigerl Minze

ZUBEREITUNG: Topinambure schälen und klein schneiden. Schalotten schneiden und in Butter hell anschwitzen. Mit der Suppe aufgießen, weich kochen, Obers dazugeben und im Mixglas fein mixen. Mit Salz, Pfeffer, Muskatnuss und 1 Spritzer Zitronensaft abschmecken.
Zum Anrichten geröstete Mandelkerne und einige Tropfen Mandelöl darüber geben.
Melanzani der Länge nach halbieren und kreuzweise auf der Fruchtfleischseite einschneiden. Mit Zitrone beträufeln, Salz, Pfeffer, gemahlenen Muskat, zerdrückten Knoblauch und Thymianzweigerl dazugeben. Mit Mandelöl beträufeln und im Backrohr bei 180 °C ca. 15 min. weich dünsten. Das Fruchtfleisch aus der Schale kratzen, fein schneiden, geschnittene Minze dazugeben.

MELANZANICHIPS: Melanzanischeiben in heißem Olivenöl goldbraun backen und schichtweise mit dem Tatar am Teller anrichten.

Saiblingsfilet mit gedünstetem Kochsalat und Mandelöl

ZUTATEN FÜR 4 PERSONEN: 4 Saiblingsfilets • 20 g Butter • 2 EL Mandelöl • Salz • Pfeffer • Zitronensaft

ZUTATEN FÜR DEN KOCHSALAT: 400 g Kochsalat • 1/4 l Rindsuppe • Salz • Pfeffer • Karotten gelbe Rüben • Lauch • Sellerie (klein würfelig geschnitten, ca. 2 EL) • Mandelöl • 20 g Butter

ZUBEREITUNG: Kochsalat von den unschönen Blättern befreien und in kochendem Wasser ca. 4 min. kochen. In kaltem Wasser abkühlen, Kochsalat vierteln und gut abtropfen lassen. In aufgeschäumte Butter die vorgekochten Gemüsewürferl und den Kochsalat geben, mit Rindsuppe aufgießen und ca. 10 min dünsten. Mit Salz, Pfeffer, Muskatnuss würzen. Zum Schluss reichlich Mandelöl darüber träufeln.

Saiblingsfilets salzen, pfeffern und mit Zitrone beträufeln. Filets in Mandelöl und aufgeschäumter Butter goldbraun auf der Hautseite braten.

Kochsalat auf dem Teller anrichten, Saiblingsfilets darauf legen, mit gerösteten Mandeln und Mandelöl servieren.

Kaninchenrücken in Mandelöl, gegart mit jungen Gemüsen und Mandelkernpesto

ZUTATEN FÜR 4 PERSONEN: 2 Kaninchenrücken • junges Gemüse nach Belieben (Erbsenschoten, grüner Spargel, gelbe Rüben, Karotten mit Grün, Broccoliröschen ...) • Rosmarinzweigerl • Salz • Pfeffer • Prise Zucker 50 ml Mandelöl

ZUTATEN FÜR MANDELKERNPESTO: 200 g geröstete Mandeln • 50 g Parmesan • Zitronenschale von 1/2 Zitrone • Mandelöl

ZUBEREITUNG: Für Mandelkernpesto die Mandelkerne, Parmesan, Zitronenschale im Mörser zerkleinern und anschließend Mandelöl dazugeben.
Kaninchenrücken zusammen mit dem Rosmarinzweigerl in das auf 50 °C erhitzte Öl legen und ca. 15 min. ziehen lassen. Herausnehmen, leicht salzen und pfeffern.
Die verschiedenen Gemüse in kochendem Salzwasser kurz kochen, aus dem Wasser nehmen, mit Salz, Pfeffer und Zucker abschmecken.
Gemeinsam mit dem Kaninchenrücken anrichten. Mandelkernpesto darüber geben.
Als Beilage cremige Polenta servieren.

Mousse von gerösteten Mandeln mit Himbeeren und Strohbiskuit

ZUTATEN FÜR 6–8 PERSONEN: 200 g Crème fraîche • 4 Blatt Gelatine • 200 g Joghurt 25 g geröstete Mandeln • 1 EL Mandelöl • 5 Eiweiß • 150 g Zucker • 60 g weiße Schokolade

ZUTATEN FÜR STROHBISKUIT: 320 g Marzipan • 4 Eiweiß • 40 g Butter • 50 g Mehl • Zimt 125 g frische Himbeeren

ZUBEREITUNG: Crème fraîche erwärmen, darin die eingeweichte Gelatine auflösen.
Das Joghurt und die gerösteten und gehackten Mandeln sowie das Mandelöl dazugeben und glatt rühren.
Das Eiweiß mit dem Zucker schaumig schlagen. Die Schokolade schmelzen und zusammen mit dem Eiweiß unterheben. Die Masse in Förmchen füllen und kalt stellen.
Für das Strohbiskuit alle Zutaten vermischen und auf einem Backblech zu dünnen Fäden spritzen.
Im Ofen bei 180 °C goldgelb backen. Die Mousse mit leicht gesüßtem Joghurt, Himbeersauce, frischen Himbeeren, gehackten Mandeln und dem Strohbiskuit anrichten.

Marillenkernöl

EIN HAUCH VON MARZIPAN

DAS ÖL

Was der Liebhaber von Edelbränden an der Marille mag, das schätzt auch der Koch – nämlich jenen feinen nussig-mandelartigen Geschmack, der dem hellgelben Öl, das jenem der Mandel sehr ähnlich ist, einen deutlichen Hauch von Marzipan verleiht.
In den 1930er-Jahren wurde das Marillenkernöl durch amerikanische Verfechter der Naturkost äußerst populär. Die Bewohner des Hunzatals, eine Volksgruppe im pakistanischen Himalayagebiet, galten dabei als Vorbild, da man ihre Langlebigkeit und ihre geringe Anfälligkeit gegenüber Krankheiten mitunter auch ihrem Konsum von Marillen, Marillenkernen und nicht zuletzt dem daraus gewonnenen Öl zuschrieb.
In seiner Zusammensetzung kommt das Marillenkernöl dem Mandelöl sehr nahe. Das Öl aus den Kernen der Marille, dessen Hauptanbaugebiete in der Türkei, Spanien, den USA, den zentralasiatischen Staaten der ehemaligen UdSSR, einigen mitteleuropäischen Ländern und Marokko liegen, hat einen hohen Gehalt an Ölsäure. Für die Verwendung in der zeitgemäßen feinen Küche eignet sich Marillenkernöl nicht zuletzt durch seine exotische oder euro-asiatische Wirkung: Es unterstreicht alle Gerichte zum Thema *sweet and sour*, ist aber auch für vollmundige Wildsaucen und Desserts gut geeignet.

DIE KÖCHIN

SISSY SONNLEITNER

Sissy Sonnleitner – 1953 geboren und aufgewachsen in Kötschach-Mauthen im Kärntner Gailtal – kultiviert mit großer Hingabe und Leidenschaft seit drei Jahrzehnten die schlichte Küche dieses uralten Kulturbodens knapp an der friulanischen Grenze. Ihr prächtiges Landhaus und der eindrucksvolle Weinkeller ziehen seit jeher Feinschmecker in diesen entlegenen Winkel Kärntens zu „Sissy nazionale", wie ihre Freunde und Fans Frau Sonnleitner gerne nennen. Wie kaum eine andere versteht sie es auch, Traditionelles mit einer Prise Zeitgeist zu versehen und somit Bewusstsein für den Reichtum eines Kochstils der reduzierten Form und der altbewährten Zutaten zu schaffen.

Restaurant Landhaus Kellerwand
9640 Kötschach-Mauthen
www.sissy-sonnleitner.at

DAS MENÜ

Karotten-Marillensuppe mit Basilikum und Marillenkernöl

Salat von Gailtaler Forelle mit Karotten und Mandel-Schnittlauchpesto mit Marillenkernöl

Gebratene Wildgarnelen mit Melone, Zuckerschoten, Knoblauch, Chili und Marillenkernöl

Kärntner Nussnudeln mit Marillenröster und -kernölsaft

Karotten-Marillensuppe mit Basilikum und Marillenkernöl

ZUTATEN: 500 g Karotten, geschält und in dünne Scheiben geschnitten • 2 EL Marillenkernöl 1 kleine, gehackte Schalotte 1 Scheibe Ingwer • 8 reife, aromatische Marillen • 400 ml Hühnersuppe • Salz • weißer Pfeffer • Basilikum • Marillenkernöl zum Beträufeln

ZUBEREITUNG: Schalotten in Olivenöl anlaufen lassen, Karotten, Ingwer und Marillen zufügen, salzen, kurz im eigenen Saft dünsten, mit Hühnersuppe aufgießen und weich kochen. Einen Teil der Karotten für die Einlage ganz lassen, die übrige Suppe mixen, abschmecken und mit gehacktem Basilikum bestreuen. Mit ein paar Tropfen Marillenkernöl servieren.

Salat von Gailtaler Forelle mit Karotten und Mandel-Schnittlauchpesto mit Marillenkernöl

ZUTATEN: 300 g Forellenfilets • 300 g Karotten • 100 ml Olivenöl • 2 kleine, feinstgehackte Schalotten 2 Scheiben gehackter Ingwer • 8 EL Zitronensaft • Salz

ZUTATEN FÜR DAS PESTO: 100 g geschälte Mandeln • 1/2 Bund Schnittlauch • 5 cl Milch • 1 Moccalöffel Zucker • 8 cl Olivenöl • Salz • Weißer Pfeffer • 1 EL Marillenkernöl

ZUBEREITUNG: Forellen filetieren, in ca. 1/2 cm breite Längsstreifen schneiden. Mit Zitrone und Salz marinieren und ca. 40 Minuten ziehen lassen. Zitrone und Salz bewirken in diesem Fall die „Garung" der Forelle. Olivenöl, Schalotten und Ingwer dazugeben. Karotten kochen, in Stäbchen schneiden und in warmem Zustand mit den Forellenstreifen mischen.
Mandeln zerkleinern und mit den übrigen Zutaten im Cutter zu einem Pesto pürieren.

Gebratene Wildgarnelen mit Melone, Zuckerschoten, Knoblauch, Chili und Marillenkernöl

ZUTATEN: 12 Wildgarnelen • 100 ml Sojasauce • Rapsöl zum Braten • 3 Knoblauchzehen, gehackt 100 ml Noilly Prat (oder einen anderen sehr guten Wermut) • 120 g Zuckerschoten, blanchiert 1 Honigmelone (kleine Kugeln ausstechen) • 200 ml Hühnersuppe • Chili • Maizena • Marillenkernöl Schnittlauch

ZUBEREITUNG: Garnelen in Sojasauce für ca. 15 Minuten marinieren. In Rapsöl rasch braten und auslegen, im Bratsatz Knoblauch anlaufen lassen, mit Wermut ablöschen, Zuckerschoten und Melonenkugeln hinzufügen, mit Hühnersuppe ablöschen, mit Chili versetzen, bei Bedarf mit Maizena binden und mit Marillenkernöl montieren. Mit Schnittlauch bestreuen und mit Basmatireis servieren.

Kärntner Nussnudeln mit Marillenröster und -kernölsaft

ZUTATEN FÜR TEIG DER KÄRNTNER NUDELN: 250 g griffiges Weizenmehl • 100 ml kaltes Wasser
100 g gemahlene Walnüsse
200 g Bröseltopfen • 100 g brauner Zucker • 1 EL Semmelbrösel
1 EL Sauerrahm • Zimt • Nelkenpulver
1 EL Rum oder Nusslikör

ZUTATEN FÜR DEN MARILLENRÖSTER: 100 ml Wasser
60 g Kristallzucker • 1 TL Zitronensaft
Maizena • 2 EL Marillenkernöl
geschlagenes Schlagobers

ZUBEREITUNG: Mehl und Wasser zu einem festen Teig kneten und im Plastiksackerl bei Zimmertemperatur rasten lassen.
Alle Zutaten abrühren. Nach Bedarf mit Kuchen- oder Semmelbröseln binden und Kärntner Nudeln herstellen.
Wasser und Zucker aufkochen und leicht einreduzieren lassen, mit Zitrone abschmecken, leicht mit Maizena binden und das Marillenkernöl einmontieren.
Mit geschlagenem Schlagobers, das mit ein wenig Marillenkernöl versetzt wurde, servieren.

Mohnöl

DAS GRAUE GOLD DES WALDVIERTELS

DAS ÖL

Die Heimat des Mohns ist die karge Hochebene Persiens. Zusammen mit dem ersten Saatweizen ist er vor Jahrhunderten nach Europa gekommen. Die Geschichte des Mohns reicht sogar bis in die Jungsteinzeit zurück: Funde von Mohnkuchen in den Schweizer Pfahlbauten lassen annehmen, dass man sehr genau über Anbau und Verwendungsmöglichkeiten des Mohns Bescheid wusste. Schon im 13. Jahrhundert wurde die wundersame Blume, die offenbar von Mönchen importiert wurde, im Waldviertel als Heil- und Ölpflanze angebaut. Die große wirtschaftliche Bedeutung des Waldviertler Graumohns als Qualitätsmarke beweist auch die Notierung an der Londoner Produktenbörse bis zum Jahr 1933.
Der landwirtschaftlichen Fachschule Edelhof ist es zu verdanken, dass der Mohn im Jahr 1980 „wiederentdeckt" wurde. Heute gibt es im Waldviertel rund 200 Hektar Mohnfelder, auf denen weißer, blauer und grauer Mohn angebaut werden.
Vor allem der Waldviertler Graumohn ist reich an Eiweiß, Zucker, Mineralstoffen, einfach (15 %) und mehrfach (71 %) ungesättigten Säuren sowie Vitamin E. Graumohnöl hat den höchsten Linolsäuregehalt aller Speiseöle. Das trägt ihm nicht nur den Beinamen „Olivenöl des Nordens" ein, sondern zieht auch eine ständig wachsende Schar an schönheitsbewussten und kulinarisch interessierten Mohnöl-Fans an, die einerseits die reizlinderndend feuchtigkeitspendenden und cholesterinsenkenden Eigenschaften des Öls, andererseits aber auch seinen zart-herben Geschmack zu schätzen wissen. Kaltgepresstes Mohnöl hat eine klare, hellgelbe Farbe und eignet sich ausgezeichnet zum Verfeinern von Suppen und Saucen, für Salate, Nudelgerichte und zur Zubereitung von Kuchen, Torten, Germknödeln, Crepes und anderen Süßspeisen.

DIE KÖCHIN

EVA SALOMON

Eva Salomon, eine Tochter von Josef Jamek, dem „Grand Seigneur" des österreichischen Weinbaus, scheint für ihre kulinarische Laufbahn den „Stein der Weisen" gefunden zu haben. Sie fand ihn in einem zauberhaften Landgut am Wagram, das an Vergleichbares in der Provence oder der Toskana erinnert. Die Sonnenuhr auf dem Schlossgebäude trägt die Jahreszahl 1548, die gotische Schlosskapelle gegenüber stammt aus der Zeit um 1320 und daneben wurde ein Alchemistenlabor aus dem 16. Jh. entdeckt. In diesem eindrucksvollen Ambiente widmet sich Eva Salomon einer leichten, kreativen Küche mit starker Bodenhaftung und arbeitet fast ausschließlich mit Produkten vom eigenen Landgut oder aus der unmittelbaren Umgebung.

Gut Oberstockstall
3470 Kirchberg am Wagram
www.gutoberstockstall.at

DAS MENÜ

Brennnesselrahmsuppe mit Mohnöl

Lachsforellenfilet mit Mohnöl gedämpft

Rehrücken rosa gebraten in der Mohnpalatschinke auf Mohnölsaft

Schokolademousse mit Mohnöl

Brennnesselrahmsuppe mit Mohnöl

ZUTATEN: 60 g Mohnöl
120 g Zwiebeln, fein geschnitten
1 Knoblauchzehe, gehackt • 8 g Mehl
30 ml Weißwein • 700 ml Gemüse- oder Hendlsuppe • 220 ml Obers
120 g junge Brennnesseln, blanchiert gewogen • Salz • schwarzer Pfeffer aus der Mühle • Muskatnuss, gerieben
1 Zehe Knoblauch, gepresst • 1 TL Butter • 100 ml Obers • etwas Mohnöl

ZUBEREITUNG: Brennnesseln in Salzwasser blanchieren, in Eiswasser abschrecken, gut ausdrücken, abwiegen und grob hacken. Zwiebeln und Knoblauch in Mohnöl anschwitzen. Mehl dazugeben und durchrösten. Mit Wein und Suppe aufgießen, gut durchrühren und aufkochen lassen. Obers dazugießen und würzen. Wenn die Suppe wieder kocht, die geschnittenen Brennnesseln beifügen und wieder aufkochen lassen. Knoblauchzehe in aufschäumende Butter pressen und unter die Suppe rühren. Suppe mixen und durch ein feines Sieb passieren.
Obers halbsteif schlagen, etwas Mohnöl vorsichtig einrühren und unter die Suppe ziehen. Mit in Mohnöl gerösteten Schwarzbrotwürferln separat angerichtet servieren.

Lachsforellenfilet mit Mohnöl gedämpft

ZUTATEN: 4 Lachsforellenfilets mit Haut à 140 g • 160 ml Mohnöl • 4 Thymianzweigerl, eventuell mit Blüten
4 Liebstöckelblätter • 4 grüne Lorbeerblätter • 4 Verveineblätter • weißer Pfeffer • grobes Meersalz

ZUBEREITUNG: Die halbe Menge Mohnöl in einer hitzebeständigen Porzellan- oder Glasschüsse auf 80 °C erhitzen, etwas grobes Meersalz einstreuen.
Die Hautseite der Filetstücke mit weißem Pfeffer und ein wenig grobem Meersalz würzen. Mit Thymianzweigerln, Lorbeerblättern, Liebstöckelblättern und Verveineblättern belegen. Mit der Hautseite nach oben in das vorgewärmte Öl legen und mit dem restlichen Mohnöl beträufeln.
Die Schüssel mit Klarsichtfolie fest verschließen. Im auf 80 °C vorgeheizten Rohr ca. 15 Minuten garen.

ZUTATEN FÜR MOHNÖLSCHAUM (Waldviertler Mohnöl-Espumas): 200 ml Apfel- oder Birnenmus
100 ml Weißwein • Prise Piment • 2 cl Holunderblütensaft • Spritzer Tabasco • 1 TL Zucker, gestrichen
2 Blatt Gelatine • 100 ml Mohnöl • Prise Salz

ZUBEREITUNG: Eingeweichte Gelatine in etwas warmem Wein auflösen und mit dem Apfelpüree und dem restlichen Wein verrühren. Holunderblütensaft unterrühren, mit den Gewürzen pikant abschmecken. Mohnöl untermixen, in ISI-Flasche füllen und 2 Kapseln einschrauben.

Rehrücken rosa gebraten in der Mohnpalatschinke auf Mohnölsaft

ZUTATEN: 600 g ausgelöster Rehrücken ohne Silberhaut • Thymian • Wacholder, gestoßen • Salz schwarzer Pfeffer • Mohnöl zum Braten • 1/4 l Rehjus, ev. Preiselbeeren • Mohnöl zum Montieren 4 Palatschinken mit Mohn • Eiweiß zum Bestreichen

ZUBEREITUNG: Backrohr auf 200 °C vorheizen. Rehrücken mit Salz, Pfeffer, Wacholder und Thymian würzen. In einer heißen Pfanne mit etwas Öl auf allen Seiten anbraten und samt Pfanne für ca. 5 Minuten ins heiße Rohr stellen. Danach bei 80 °C rasten lassen oder in Alufolie wickeln und auf einen heißen Teller legen.
Anschließend Mohnölpalatschinken mit leicht verquirltem Eiweiß bestreichen, den Rehrücken einwickeln und noch einmal vorsichtig auf allen Seiten mit wenig Hitze anbraten. Den Bratensatz mit Rehjus ablöschen, ev. Preiselbeeren beifügen und mit dem Mohnöl aufmontieren. Etwas Jus auf vorgewärmte Teller geben und den aufgeschnittenen Rehrücken draufsetzen.

Schokolademousse mit Mohnöl

ZUTATEN: 180 g dunkle Kuvertüre
125 ml Mohnöl • 3 Dotter
55 g Zucker • 3 Eiweiß
200 g Obers, geschlagen

ZUBEREITUNG: Kuvertüre in einer Schüssel im Wasserbad schmelzen. Das Öl langsam unterrühren. Dotter mit Zucker schaumig schlagen, unter die Schokolade rühren, dann Eiweiß mit Zucker zu glänzendem Schnee schlagen und ebenfalls unter die Schokolademasse heben. Zum Schluss das geschlagene Obers unterziehen.

Olivenöl

AM FRUCHTSTAND DER GÖTTER

DAS ÖL

Die Kulturgeschichte des Öls ist von jener des Olivenöls nicht zu trennen. Bereits in der Antike waren sowohl die Oliven als auch das daraus gewonnene Öl ein tägliches Nahrungsmittel der Reichen wie auch der Armen. Da ein Olivenbaum, je nach Qualität, jährlich 45–70 Liter wertvolles Öl liefert, entwickelte sich der Handel mit Olivenöl bald zu einem maßgeblichen Wirtschaftsfaktor.
Olivenöl ist das starke Rückgrat der mediterranen Küche. Es beinhaltet rund 1000 aktive biologische Wirkstoffe und enthält rund 70 % einfach ungesättigte und 9 % mehrfach ungesättigte Fettsäuren. Kurzum: Olivenöl ist ein Jungbrunnen. Es schützt das Immunsystem, regt den Kreislauf an, verdünnt das Blut, senkt den Blutdruck, erhöht das gute HDL- und senkt das schlechte LDL-Cholesterin. Es wirkt mild abführend und beugt dem Übergewicht vor. Dennoch gilt: Olivenöl ist nicht gleich Olivenöl, und wer sich der geschmacklichen und ernährungsphysiologischen Vorzüge des Götterelixiers versichern möchte, sollte auf Qualität bzw. vollbiologischen Anbau achten. Neben dem seltenen und sehr teuren „Tropföl", das noch vor der Pressung aus den zerkleinerten Oliven rinnt, unterscheidet man:

- natives Olivenöl extra, auch Extra Vergine, Virgen extra oder Vierge extra genannt (ist leicht hellgrün, geschmacklich fein ausbalanciert und darf nicht mehr als 1 % freie Fettsäuren enthalten)
- natives Olivenöl aus zweiter Pressung (ist etwas dunkler, schmeckt kräftiger und darf nicht mehr als 2 % freie Fettsäuren enthalten)
- raffiniertes Olivenöl, dem zur Geschmacksverbesserung häufig zwischen 5 und 15 % natives Olivenöl beigemischt wird (milder, weniger ausgeprägter Geruch und Geschmack).

Nicht nur in Italien weiß man längst, dass Olivenöl Extra Vergine beim Braten nur mit Bedacht eingesetzt werden darf. Durch zu starke Erhitzung verliert es nämlich Nährstoffe und Vitamine und wird zudem schnell „gerüchig". Fürs schnelle Anbraten sind daher ein neutrales Pflanzenöl oder ein raffiniertes Olivenöl besser geeignet. Für die Geschmacksgebung vor allem bei Fisch-, Geflügel- und Gemüsegerichten bleibt jedoch Extra Vergine in der mediterranen Küche auch bei Gebratenem und Gegrilltem unverzichtbar.

DIE KÖCHIN

ROSEMARIE TRABELSI

Schon nach der HAK-Matura hatte Rosemarie Trabelsi festgestellt, dass sie ihre Zukunft nicht in einem Rechnungsbüro sah. Also entschied sie sich für eine zusätzliche Ausbildung im Tourismusbereich und lernte auch schon bald ihren Mann kennen. Er stammt aus Sizilien und brachte eine exzellent kochende Schwiegermutter in die Ehe ein, von der Rosemarie Trabelsi viel über die Geheimnisse der wahren italienischen Küche lernte. Nach etlichen gemeinsam verbrachten Saisonen machten sich die Trabelsis zunächst in einer (heute noch legendären) Pizzeria mit Blick auf Hochosterwitz und später in einem romantischen Turm der alten Stadtbefestigung von St. Veit an der Glan selbstständig. Seit Dezember 1997 führen die Trabelsis dort das „Ristorante & Enoteca La Torre", das nicht nur einen Großteil der Weine, sondern – selbstverständlich – auch seine Olivenöle selbst importiert.

Ristorante La Torre
Grabenstraße 39, 9300 St. Veit an der Glan
www.latorre.at

Tatar vom Thunfisch – Tartara di tonno con i tre olii

Spaghetti „La Torre"

Branzino in der Salzkruste

Sizilianische Orangen mariniert mit Vanille, Olivenöl und hausgemachtem Vanilleeis

DAS MENÜ

Tatar vom Thunfisch – Tartara di tonno con i tre olii

ZUTATEN:
ca. 500 g Thunfisch bester Qualität • 1 EL fein geschnittene Jungzwiebeln • 1 EL Schnittlauch • 1 Zitrone oder Limette • einige Kapern aus Pantelleria (ins Wasser legen, sonst sind sie zu salzig) • Salz Pfeffer • Olivenöl

ZUBEREITUNG:
Den Thunfisch in kleine Würfel schneiden, die Jungzwiebeln und den Schnittlauch dazugeben, vermischen, mit Salz, Pfeffer, Zitronensaft und Olivenöl marinieren.
Zum Marinieren habe ich ausschließlich sizilianisches Olivenöl verwendet, aus der Region Ragusa – ein *intenso pieno* aus Tonda-Iblea- und Biancolilla-Oliven (ist sehr intensiv, mit leicht pikantem Abgang) –, es würzt und hebt den Geschmack, und ein Zitronenöl, damit das Tatar frisch und fruchtig wird.
Zum Drüberträufeln nehme ich ein *medio intenso* aus Tonda-Iblea-Oliven.

Spaghetti „La Torre“

ZUTATEN:
500 g Spaghetti • 2 Jungzwiebeln • 1 Knoblauchzehe
Tomatenconcassè von
4 Tomaten • 1 Bund Basilikum • Weißwein • Fischfond
Olivenöl • Scampi

ZUBEREITUNG: Die fein geschnittenen Jungzwiebeln mit Knoblauch in Olivenöl anschwitzen, Tomaten einrühren, mit Weißwein ablöschen, einkochen, dann mit Fischfond aufgießen und einreduzieren, die ausgelösten Scampischwänze kurz mitköcheln lassen.
Die gekochten Spaghetti zur Sauce geben, dazu gehacktes Basilikum, alles vermischen und mit einem Schuss Limonenöl verfeinern.
Das Zitronenöl macht die Spaghetti so richtig frisch und fruchtig.

Branzino in der Salzkruste

ZUTATEN: Branzino vom Wildfang, ca. 1,5 kg • grobes Meersalz 6 römische Artischocken • Kirschtomaten • Basilikum oder Minze

ZUBEREITUNG: Auf einem Blech den ausgenommenen und gründlich gewaschenen, aber ungeschuppten Branzino auf ein Salzbett legen und mit reichlich Meersalz ganz bedecken.
Den Fisch bei ca. 180 °C etwa 30-35 min. in den vorgeheizten Backofen stellen.
In der Zwischenzeit die Artischocken von den harten Schalen befreien, das Heu aus dem Inneren ausschaben und bis zur Weiterverwendung in Zitronenwasser legen. Dann die Artischocken in Scheiben schneiden, in Olivenöl anschwitzen, Tomaten dazugeben und alles kurz einkochen. Mit Kräutern und einem Schuss gutem Olivenöl verfeinern.
Den Fisch bei Tisch vom Salz befreien, die Filets abheben und mit einem Schuss gutem Olivenöl beträufeln.

TIPP: Hier nehme ich ein Olivenöl der Region Trapani aus Cerasuola-Biancolilla-Nocellara-Oliven. Dieses Öl hat einen unglaublichen Duft nach frischen Artischocken und ist sehr elegant.

Sizilianische Orangen mariniert mit Vanille, Olivenöl und hausgemachtem Vanilleeis

ZUTATEN: 4 besonders saftige Orangen • 6 Eidotter
200 g Zucker • 2 Vanilleschoten • 1/2 l Milch
150 g Schlagobers • Olivenöl

ZUBEREITUNG: Die sizilianischen Orangen von der Schale befreien und in Scheiben schneiden.
Von der Vanilleschote das Mark ausschaben und in das Olivenöl geben. Hier nehme ich ein fruchtiges, elegantes und delikates Olivenöl (Moraiolo-Frantoio-Leccino-Oliven), dieses ist nicht so pikant wie die sizilianischen.
Für das Vanilleeis 6 Eidotter mit 200 g Zucker verrühren, das Mark von einer Vanilleschote dazugeben.
1/2 l Milch mit der Vanillestange aufkochen, mit den Eidottern verrühren und bis zur Rose abkochen.
Abkühlen lassen und 150 g Schlagobers einrühren.
Die Masse in einer Eismaschine frieren.
Die Orangenscheiben auf dem Teller verteilen, mit dem Vanilleöl beträufeln und das Vanilleeis draufsetzen.

Pistazienöl

DER ROLLS-ROYCE UNTER DEN ÖLEN

DAS ÖL

Das Öl aus der im Iran auch „lächelnde Pistazie" und in China „Glücksmandel" genannten Nuss zeichnet sich durch eine leuchtend grüne Farbe, einen kräftigen Duft und ein ausgeprägtes Röstaroma aus. Der Fettgehalt der Pistazie besteht zu etwa 88 % aus ungesättigten Fettsäuren (bis zu 54 % einfach ungesättigte, bis zu 34 % mehrfach ungesättigte). Zudem ist die Pistazie ein ergiebiger Lieferant von Mineralien wie Kalium, Kalzium und Magnesium sowie von Vitamin A (160 mg auf 100 g), E (19 mg auf 100 g) und B (B1, B3, B6).

Der Geschmack des Öls ist allerdings noch viel länger anhaltend und ausdrucksstärker als jener des Grundprodukts. Es ist ein wahrer Rolls-Royce unter den Ölen und sowohl zur Zubereitung von würzigen als auch von süßen Speisen geeignet.

In der Küche ist das Öl allerdings etwas launisch und harmoniert zwar gut mit zitronigen Aromen, nicht jedoch mit zuckerfreien Essigen. Wer Pistazienöl mit Balsamico-, Honig- oder Melfor-Essig kombiniert, wird indessen überzeugende Resultate erzielen. Besonders gut mundet Pistazienöl zu Blattsalaten, noch besser zu Avocados, Roten Rüben, Äpfeln oder rohen Birnen. Und noch ein Tipp: Probieren Sie einmal ein paar Tropfen zu geräuchertem, gebratenem oder pochiertem Fisch!

DER KOCH

JOACHIM GRADWOHL

Joachim Gradwohl zählt nicht nur zu Wiens besten, sondern auch beliebtesten Köchen. Bedeutende Stationen seiner Laufbahn waren vor allem das „Restaurant Döllerer" in Golling, Eckart Witzigmanns Münchner „Aubergine", das „Steirereck" in Wien oder das „Palme d'Or" in Cannes. Kein Wunder also, dass Gradwohl keine Kochtechnik und kein Stil fremd sind. Umso erstaunlicher ist die Eigenständigkeit, die Gradwohl sich dabei bewahrt hat. Seine Grundphilosophie lautet: „Ich versuche in der Küche die Saisonalität der Produkte leben zu lassen, verbunden mit der Leichtigkeit der mediterranen Küche. Gemeinsam mit dem Einsatz hochwertigster Grundprodukte ergibt dies die Geradlinigkeit und Authentizität der Gerichte, die ich anstrebe."

Meinl's Restaurant
Graben 19, 1010 Wien
www.meinlamgraben.at

DAS MENÜ

Parfait von der Gänseleber mit Quitten und Pistazienöl

Gebratener Steinbutt auf Artischocken und Pistazienölschaum

Pochiertes Kalbsfilet mit Avocados, Pistazienöl und Radicchio Trevisiano

Topfenmousse mit Erdbeeren und Pistazienöl

Parfait von der Gänseleber mit Quitten und Pistazienöl

ZUTATEN: 1 kg Gänseleber
2 cl Cognac • 2 cl Süßwein
14 g Salz • 2 g Pfeffer
2 Quitten • 2 Anissterne
100 g Honig • 4 Blatt Gelatine
Pistazienöl

ZUBEREITUNG: Die Gänseleber von Sehnen und Blutresten befreien und mit Süßwein, Cognac, Salz und Pfeffer einen Tag lang marinieren.
In eine Terrinenform drücken und bei 70 °C 50 min. im Rohr garen und kalt stellen. Die Quitten in Würfel schneiden, mit Wasser bedecken, Honig beigeben und mit den Anissternen weich dünsten, dann die eingeweichte Gelatine in den Quitten auflösen und kalt stellen. Die Gänseleber in ca. 5 mm dicke Scheiben schneiden, mit der Gänseleber schichtweise einsetzen und mit dem Pistazienöl servieren.

Gebratener Steinbutt auf Artischocken und Pistazienölschaum

ZUTATEN FÜR VIER PERSONEN: 400 g Steinbuttfilet • Olivenöl • Salz • Pfeffer • 4 kleine Artischocken
1 Zitrone • 1 Schalotte • Thymian • Olivenöl • 1/16 l Fischfond • 1/16 l Weißwein • 1 EL Sauerrahm
2 EL Crème fraîche • 3 EL Pistazienöl

ZUBEREITUNG: Das Steinbuttfilet auf 100 g portionieren, salzen, pfeffern, in Olivenöl kurz anbraten und ca. 4 min. bei 180 °C ins Backrohr schieben. Die Artischocken putzen und in kleine Stücke schneiden, mit Zitrone einreiben, in Olivenöl mit den fein gehackten Schalotten anschwitzen und mit Weißwein ablöschen, Thymian beigeben und weich dünsten.

Für den Pistazienölschaum den Fond von den Artischocken abseihen, Sauerrahm, Crème fraîche sowie Pistazienöl beigeben und aufmixen. Mit dem Steinbutt und den Artischocken servieren.

Pochiertes Kalbsfilet mit Avocados, Pistazienöl und Radicchio Trevisiano

ZUTATEN FÜR 8 PERSONEN:
2 Kalbsfilets • Petersilie • Kerbel Estragon, fein gehackt • etwas Kalbssauce • Salz • Pfeffer

3 Avocados • Radicchio Trevisano Pistazienöl • Zitrone • Salz • Pfeffer

ZUBEREITUNG: Die Kalbsfilets salzen, pfeffern und in den fein gehackten Kräutern drehen, in Klarsichtfolie einschlagen und mit Alufolie zusammendrehen. Danach 20 min. bei 80 °C pochieren.
Die Avocados schälen, in grobe Stücke schneiden und im Pistazienöl mit den Trevisianoblättern kurz in einer beschichteten Pfanne anbraten sowie mit Salz, Pfeffer und Zitrone abschmecken. Mit den pochierten Kalbsfilets und der Sauce servieren.

Topfenmousse mit Erdbeeren und Pistazienöl

ZUTATEN: 200 g Topfen
80 g Zucker • 2 1/2 Blatt Gelatine
300 ml Schlagobers • Vanille
Rum • Zimt • 200 g Erdbeeren
Staubzucker • Zitrone • Pistazien

ZUBEREITUNG: Für die Topfenmousse die Gelatine in kaltem Wasser einweichen, in etwas Rum auflösen und mit dem Topfen, Zucker, Zimt und Vanille zusammenrühren, zum Schluss das geschlagene Schlagobers unterheben. Die Erdbeeren waschen, Stiel entfernen, in Stücke schneiden und mit Staubzucker und Zitrone marinieren. Dann mit der Topfenmousse, Pistazien und Pistazienöl servieren.

Sesamöl

DIE SAMEN DER AYURVEDEN

DAS ÖL

In der ayurvedischen Medizin gilt Sesamöl als bewährtes Mittel gegen praktisch jedes Übel. Sie rühmt seine heilende und wärmende Wirkung auf Haut und Haare, auf die Verdauung und den Geist. Sesamöl stärkt sämtliche Körperfunktionen. Es lindert Gelenkschmerzen, Ischiasprobleme und Rückenleiden und es verlangsamt den Alterungsprozess der Haut.

Sesamöl war aber auch in anderen Kulturen schon früh bekannt: Zur Zeit des Trojanischen Krieges wurde Sesamöl mit Rosenblüten aromatisiert, die schöne Hera rieb, wie in Homers *Ilias* nachzulesen ist, ihren Körper damit ein, um Zeus zu verführen; Ägyptens Pharaonen verwendeten es neben Oliven- und Nussöl, und aus den Aufzeichnungen des Griechen Herodot (484–425 v. Chr.) ist bekannt, dass in Babylon Sesamöl das Hauptspeiseöl darstellte.

Sesam enthält neben den Spurenelementen Mangan, Nickel und Eisen auch die natürlichen Antioxidanzien Sesamol und Sesamolin. Sie bewirken die lange Haltbarkeit des Öls, das zu ca. 85 % ungesättigte Fettsäuren (ca. 40 % Ölsäure und ca. 45 % Linolsäure) enthält und auch reich an Vitamin E ist. Das aus rohen Samen gewonnene Öl schmeckt leicht nussig, ist fast geruchlos und von gelber Farbe. Stammt das Öl aus gerösteten Samen, so hat es ein intensives Aroma, ist sehr würzig und nussig und leuchtet in einer Bernsteinfarbe.

Sesamöl ist vor allem in der asiatischen und euroasiatischen Küche gut einsetzbar, vor allem eignet es sich – nicht zufällig in allen buddhistischen Klosterküchen allgegenwärtig – zum Verfeinern vegetarischer Gerichte. Auch Currygerichte aller Art lassen sich damit verfeinern. Und noch ein Tipp: Obwohl Sesamöl aus gerösteten Samen nicht besonders zum Garen geeignet ist, kann man es, mit anderen Ölen versetzt, durchaus auch zum Braten verwenden.

DIE KÖCHIN

NINA SOTRIFFER

„Gastfreundschaft und gute Küche" – das ist das oberste Gebot Nina Sotriffers, die als gelernte Dolmetscherin nach acht Jahren Paris in ihre Heimatstadt Bregenz zurückgekehrt ist und dort seither im elegant designten „Neubeck" in vielerlei „Küchensprachen" perfekt zu parlieren weiß. Zur französischen Küche gesellen sich zahlreiche Erfahrungen aus Malta, Afrika, Indonesien und der Karibik. Der Hintergrund: Ninas Mann Werner war früher als Maschinenbauingenieur und Entwicklungshelfer tätig. Sie begleitete ihn dabei und lernte so die Ethno-Küchen vor Ort kennen. Schließlich beherzigte Nina dann den Rat guter Freunde, die meinten: „So gut wie du kochst, kannst du doch ein Restaurant aufmachen!" Sie tat es gemeinsam mit Ehemann Werner – und kocht auf Zweihauben-Niveau.

Neubeck Restaurant
Anton-Schneider-Straße 5, 6900 Bregenz
www.neubeck.at

Über grünem Tee gedämpfte Entenbrust mit Sellerie-Sesam-Püree und Erbsen-Minze-Püree

Gebratene Jakobsmuscheln im malaysischen Gewürzsüppchen

Zanderfilet in Teriyaki-Ingwer-Sauce mit Basmatireis

Mousse au Chocolat mit Vanillesauce und Orangenvinaigrette

DAS MENÜ

Über grünem Tee gedämpfte Entenbrust mit Sellerie-Sesam-Püree und Erbsen-Minze-Püree

ZUTATEN FÜR DIE ENTENBRÜSTE: 4 Entenbrüste • Fleur de Sel
10 g grüner Tee aus Süd-China • 500 ml Wasser • 100 ml Erdnussöl

ZUBEREITUNG: Grünen Tee mit Wasser in einem ausreichend großen Kochtopf zum Kochen bringen. Einen Bambusdämpfer einlegen. Die Entenbrüste mit Fleur de Sel würzen und mit der Hautseite nach unten in den Dampfkorb legen. Mit dem Bambusdeckel verschließen und 8 Minuten dämpfen. Die Brüste herausnehmen und abtropfen. In einer Pfanne das Erdnussöl erhitzen und die Entenbrüste auf der Hautseite einlegen. Bei mäßiger Hitze so lange braten, bis das Fett ausgebraten ist. Das Fleisch etwas rasten lassen, dann dünn aufschneiden.

ZUTATEN FÜR DAS SELLERIE-SESAM-PÜREE: 350 g Sellerieknolle • 150 ml Schlagobers • 3 EL Sesamöl • Salz

ZUBEREITUNG: Die Sellerieknolle waschen, schälen und klein schneiden. In Salzwasser weich kochen. Mit einem Schaumlöffel herausnehmen und im Mixer fein pürieren.
Das Püree in einen Topf füllen und bei schwacher Hitze das Schlagobers einrühren.
Eventuell mit Salz abschmecken. Mit 3 EL Sesamöl parfümieren.

ZUTATEN FÜR DAS ERBSEN-MINZE-PÜREE: 350 g Erbsen, frisch oder tiefgekühlt
200 ml Schlagobers • 1 TL Zucker • 1 EL sehr fein gehackte Minze • 30 g Butter • Salz

ZUBEREITUNG: Die Erbsen in Salzwasser weich kochen und durch ein Sieb streichen.
Das Püree in einen Topf füllen. Zucker und Butter zufügen und bei geringer Hitze das Schlagobers einrühren. Eventuell noch mit Salz abschmecken.
Am Schluss die Minze untermengen.

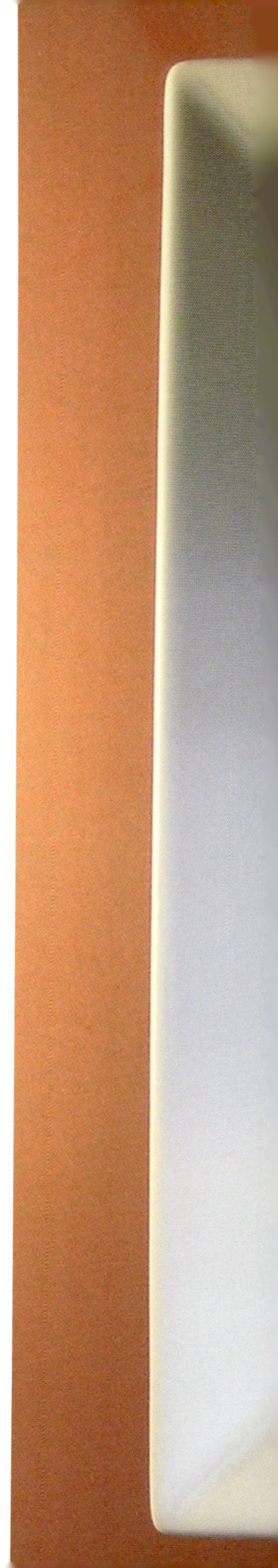

Gebratene Jakobsmuscheln im malaysischen Gewürzsüppchen

ZUTATEN: 8 Jakobsmuscheln, ausgelöst
2 EL Olivenöl • Salz

ZUTATEN FÜR DAS GEWÜRZSÜPPCHEN:
3 EL Sesamöl • 1 Zwiebel, gehackt • 1 Tomate, gehackt • 1 Zitronengrasstängel, gehackt
3 Kaffir-Limetten-Blätter • 1 EL Koriandergrün
1 TL Currypulver • 2 Sternanise • 1 TL Kreuzkümmel • 60 ml Weißwein • 400 ml Fischfond
100 ml Kokosmilch • 100 ml Schlagobers
1 EL Kurkuma • Fleur de Sel • weißer Pfeffer aus der Mühle

4 EL geschlagenes Obers • 2 EL kalte Butter
1 kleine Karotte, in dünne Streifen geschnitten
50 g weißer Rettich, in dünne Streifen geschnitten
1 EL Tomatenwürfel • Schnittlauch

ZUBEREITUNG: In einem Topf Zwiebel, Tomate und Gewürze im Sesamöl anschwitzen. Mit Weißwein ablöschen und kurz reduzieren. Den Fischfond, Kokosmilch und Schlagobers zugießen, Kurkuma einstreuen. Die Suppe ohne Deckel 30 Minuten bei kleiner Hitze köcheln. Mit Fleur de Sel und weißem Pfeffer aus der Mühle abschmecken. Durch ein Sieb passieren und erneut zum Kochen bringen. Mit einem Schneebesen die kalten Butterstückchen unterrühren. Das geschlagene Obers einrühren. In Suppentellern anrichten.
Die Jakobsmuscheln salzen und in heißem Olivenöl von allen Seiten scharf anbraten. Je 2 Muscheln in die Suppe legen, mit Gemüsestreifen, Tomatenwürfeln und Schnittlauch garnieren.

Zanderfilet in Teriyaki-Ingwer-Sauce mit Basmatireis

ZUTATEN: 4 Zanderfilets mit Haut • 2 EL Erdnussöl • Salz
160 g Basmatireis

ZUTATEN FÜR DIE TERIYAKI-INGWER-SAUCE:
1 EL Sesamöl • 1 Knolle frischer Ingwer • 1 rote Chilischote
1 TL brauner Rohrzucker
150 ml Hühner- oder Gemüsebouillon • 3 EL Teriyaki-Sauce
4 Zweige Koriandergrün

ZUBEREITUNG: Die Fischfilets salzen und in Erdnussöl schonend „à point" braten.
Basmatireis in reichlich kochendem Wasser 10 Minuten kochen. Abseihen und warm stellen.
Für die Sauce den Ingwer schälen und zuerst in feine Scheiben, dann in sehr feine Streifen schneiden. Die Chilischote halbieren und entkernen, dann fein schneiden.
Sesamöl erhitzen, Ingwer, Chili und Zucker zugeben und leicht karamellisieren. Mit Bouillon aufgießen und mit Teriyaki-Sauce würzen.
Am Schluss gezupfte Korianderblätter zugeben.

Mousse au Chocolat mit Vanillesauce und Orangenvinaigrette

ZUTATEN FÜR DIE ORANGENVINAIGRETTE: 200 g Zucker • 500 ml Wasser
1 Orange, unbehandelt • 2 EL Sesamöl • 1/2 EL weißer Balsamicoessig • 1 EL gehackte Petersilie

ZUBEREITUNG: Zucker und Wasser zum Kochen bringen. Die Orange in dünne Scheiben schneiden und 1 Stunde im Zuckerwasser köcheln. Im Sirup erkalten lassen, dann gut abtropfen und in sehr feine Würfel schneiden. Mit Öl und Essig marinieren, die Petersilie untermengen.

ZUTATEN FÜR DIE MOUSSE AU CHOCOLAT: 200 g dunkle Kuvertüre
100 ml Schlagobers (flüssig) • 400 ml Schlagobers (geschlagen) • 4 Eiweiß (120 g) • 1 EL Zucker

ZUBEREITUNG: Die Kuvertüre im Wasserbad schmelzen, dann mit 100 ml flüssigem Schlagobers gut vermengen. Eiweiß mit Zucker cremig schlagen. Das Schlagobers halbsteif schlagen und mit der ausgekühlten Kuvertüre-Masse mischen. Das Eiweiß vorsichtig, aber gründlich unterziehen. Mindestens 2 Stunden kühl stellen.

ZUTATEN FÜR DIE VANILLESAUCE: 200 ml Schlagobers • 1 Vanilleschote • 50 g Zucker
5 Eigelb (100 g)

ZUBEREITUNG: Vanilleschote längs aufschneiden, das Mark auskratzen und gemeinsam mit dem Schlagobers aufkochen. Eigelb und Zucker gut verrühren, das Obers unter ständ gem Rühren einlaufen lassen. Über dem Wasserbad so lange schlagen, bis die Konsistenz einer Creme erreicht ist („zur Rose abziehen"). Den Schlagkessel in Eiswasser setzen und kalt schlagen.

Traubenkernöl

ES MUSS NICHT IMMER GRAPPA SEIN

DAS ÖL

Dass bei der Weinproduktion Rückstände anfallen, hat die Menschen schon immer zu Recycling-Ideen inspiriert, zu denen der „Haustrunk" ebenso zählt wie Grappa und Tresterschnaps. Aus den beim Pressen zurückbleibenden Traubenkernen lässt sich jedoch auch ein wertvolles Öl herstellen, das eine natürliche, grünliche bis grüngoldene Farbe aufweist. Das Aroma von Traubenkernöl ist traubig-fruchtig und weinig, ja, es kann in Einzelfällen sogar die verwendete Rebsorte durchschimmern, während man am Gaumen einen starken Anklang an Trester und Nuss verspürt.

Traubenkernöl steht aufgrund seiner physiologischen Eigenschaften (50-65 % Anteil an wertvollen, mehrfach ungesättigten Fettsäuren sowie am Radikalenfänger *Procyanidin*) bei Ernährungsmedizinern in allerhöchstem Ansehen, lässt sich aber auch in der Küche hervorragend einsetzen. In Marinaden zu Salaten und Gemüsen wirkt es besonders geschmeidig und zart-aromatisch. Dank seines hohen Rauchpunkts ist Traubenkernöl jedoch auch gut zum Braten geeignet. Und noch ein Tipp: Da Traubenkernöl bei niedrigen Temperaturen nicht fest wird, eignet es sich perfekt für die Herstellung von Würzölen und Salatmarinaden, die im Kühlschrank aufbewahrt werden sollen.

DER KOCH

ALAIN WEISSGERBER

Ein Stück Elsass mitten am Neusiedler See – das ist nicht nur eine eigenwillige, sondern auch eine höchst aparte kulinarische Mischung, für die der aus dem Elsass stammende Patron Alain Weissgerber, der als „Steirereck"-Koch nach Österreich kam, ebenso bürgt wie seine Frau Barbara Eselböck, die aus der gleichnamigen Gastronomenfamilie stammt. Dass Alain Weissgerbers Küche stets von kulinarischem Weitblick geprägt ist, verdankt sie jedoch nicht nur ihrer austro-französischen Grundierung, sondern auch zahlreichen „Expeditionen". So unternahm Alain Weissgerber immer wieder „Studienreisen" ins Ausland, die ihn auf lehrreiche „Stagioni" in Wolfgang Pucks „Spago" in Los Angeles, in Antoine Westermanns „Buerehiesel" in Straßburg oder in Joel Robuchons „La Table" und ins „Betelnut" auf Ko Samui in Thailand führten.

Restaurant ‚Zur Blauen Gans'
7121 Weiden am See
www.blaue-gans.at

Lauwarme Flusskrebse mit Curry und gefüllten Artischocken

Confiertes Kaninchen mit Calamari und Traubenkernöl

Knuspriger Schweinebauch mit Champagnerkraut und Trauben-Chutneyravioli

Trauben-Topfenschmarren mit Johannisbeerparadeisern und Traubenkernöl

DAS MENÜ

Lauwarme Flusskrebse mit Curry und gefüllten Artischocken

ZUTATEN: 8 kleine Artischocken, zugeputzt
25 Flusskrebse • 3 Schalotten • 1 Knoblauchzehe
1 Löffel Currypulver • Lorbeer • Pfefferkörner
Noilly Prat, Weißwein • 1 mehlige Kartoffel
1/2 l Tomatenconsommé • Olivenöl
Traubenkernöl • Butter

ZUM GARNIEREN: frischer Kerbel
2 EL Fêve-Bohnen • 8 getrocknete Paradeiser

ZUBEREITUNG: Olivenöl in einem Topf leicht erhitzen, Butter hinzufügen und aufschäumen lassen. Schalotten und Knoblauch glasig anschwitzen lassen, die zugeputzten Artischocken dazugeben, Pfefferkörner, Lorbeer und Currypulver hinzufügen.
Kurz rasten lassen und mit Weißwein und Noilly Prat ablöschen. Mit Tomatenconsommé aufgießen und die Artischocken weich kochen.
Flusskrebse in einen großen Topf mit kochendem Wasser geben und ca. 2 Minuten durchziehen lassen. Danach ausbrechen und zur Seite stellen.
Die Artischocken aus dem Fond herausnehmen und zur Seite stellen. Fond aufkochen und mit der mehligen Kartoffel abbinden, ca. 1 Stunde kochen lassen, bis eine leichte, dickliche Sauce entsteht, durchpassieren und abschmecken.
Aus drei Artischocken im Cutter ein Püree machen. Einen Teil der restlichen Artischocken vierteln und mit dem Püree füllen. Die restlichen Artischocken in Spalten schneiden.
Die Artischocken im Curryfond aufwärmen, Krebsschwänze und Scheren in etwas Tomatenconsommé aufwärmen (nicht kochen). Anrichten und mit Kerbel, Fêve-Bohnen und den getrockneten Paradeisern garnieren.

Confiertes Kaninchen mit Calamari und Traubenkernöl

ZUTATEN FÜR 4 PORTIONEN: 500 g ausgelöste Kaninchenrücken • 250 g zugeputzte Calamari

ZUTATEN FÜR DIE MARINADE: 1/8 l Olivenöl • 1/8 l Traubenkernöl • 1 EL Dijonsenf • 1 l Gewürztraminer 1 Msp. Safranfäden • 1 Sternanis • 1 Zweig Thymian • 2 EL Honig • Pfeffer • Salz • 2 Stk. Romanasalat

ZUBEREITUNG: Ausgelöste Kaninchen mit der Marinade begießen, die Keulen und die Schulter bei 80 °C confieren, bis sie sich von den Knochen lösen. Die Rücken werden mit der heißen Marinade bedeckt und das Ganze lässt man für einen Tag in verschlossenem Zustand im Kühlschrank marinieren. Die geputzten Calamari in einer Pfanne mit Butter-Olivenölmischung anbraten und mit Traubenkernöl vollenden. Die Romanaherzen mit Limettensaft und Traubenkernöl auf einem Teller beliebig anrichten.

Knuspriger Schweinebauch mit Champagnerkraut und Trauben-Chutneyravioli

ZUTATEN FÜR DEN RAVIOLITEIG: 150 g Erdäpfel, am Vortag gekocht • 300 g Mehl
1/16 l Wasser • Salz • 1 Ei zum Bestreichen

ZUBEREITUNG: Für den Teig die am Vortag gekochten Erdäpfel reiben und in einer Schüssel mit Mehl und Wasser vermengen, mit Salz würzen. Teig so lange kneten, bis er sich von der Schüssel löst.

ZUTATEN FÜR DIE FÜLLE: 1 Schalotte (in Julienne) • ca. 200 g kernlose Trauben
30 g brauner Zucker • 30 ml Weißweinessig • 1 Sternanis • 2 Nelken • Traubenkernöl
30 ml Ver Jus

ZUBEREITUNG: Trauben halbieren und mit den restlichen Zutaten bei schwacher Hitze ca. 2 Stunden bis zu einer dicken Konsistenz einkochen.
Den Ravioliteig dünn ausrollen, mit Ei bepinseln. Auf die Hälfte der Teigplatten im Abstand von 5 cm mit einem Kaffeelöffel die Fülle auftragen. Dann die zweite Hälfte der Teigplatte darüber legen und mit einem kleinen, runden Ausstecher den Teig um die Fülle eindrücken. Die fertigen Ravioli ca. 5 min. in Salzwasser kochen, dann abseihen und in gebräunter Butter schwenken.

ZUTATEN FÜR DIE CHAMPANGERKRAUT-MARINADE: 4 EL Zucker • 1 Zwiebel (Julienne) • 100 g Butter • 1/4 l Champagneressig • 1/2 l Geflügelfond • Lorbeer
Pfefferkörner • ca. 360 g Fielderkraut, in Streifen geschnitten

ZUBEREITUNG: Zucker karamellisieren, Zwiebel à la Julienne und Butter dazugeben, mit Champagneressig ablöschen und mit Geflügelfond auffüllen. Das Ganze ca. auf die Hälfte reduzieren.
Das geschnittene Kraut dazugeben, einmal kurz aufkochen und beiseite stellen.

ZUTATEN FÜR DEN SCHWEINEBAUCH: ca. 600 g Schweinebauch im Ganzen
150 g Sellerie (in Würfel) • 150 g Zwiebel (in Würfel) • 150 g Lauch (in Würfel) • Lorbeer
Pfefferkörner • 2 EL Essig

ZUBEREITUNG: In einem Topf das Gemüse und die Gewürze sowie den Essig mit Wasser auffüllen, den Schweinebauch dazugeben und bei schwacher Hitze weich kochen.
Den Bauch abtropfen lassen und in warmem Zustand zwischen 2 Backblechen pressen und abkühlen lassen.
Den Schweinebauch bei schwacher Hitze auf allen Seiten knusprig braten. Das warme Kraut auf einen Teller geben, den Schweinebauch darauf legen und die Ravioli darum anrichten. Das Ganze mit etwas Sauce angießen.

Trauben-Topfenschmarren mit Johannisbeerparadeisern und Traubenkernöl

ZUTATEN: 5 Eier • 105 g Zucker • 1/4 kg Topfen • Zesten von 1/2 Zitrone
Zesten von 1/2 Orange • 2 cl Rum • 50 g Mehl • 1 Vanilleschote, längs halbiert
15 g Butter • 10 g Honig • 100 g weiße Trauben, halbiert • Staubzucker zum Bestreuen

ZUTATEN FÜR DIE JOHANNISBEERPARADEISER:
150 g Johannisbeerparadeiser • 1 EL Honig • 50 g Zucker

ZUBEREITUNG: Eier in Eidotter und Eiklar trennen, Eidotter und 100 g Zucker schaumig rühren. Dann nacheinander Topfen, Zesten, Rum, Mehl, Vanilleschote und Trauben einmischen.

Eiklar zu Schnee schlagen und unter die Masse heben. In einer heißen, beschichteten Pfanne Butter, den restlichen Zucker und Honig leicht karamellisieren. Die Masse darauf gießen und bei 150 °C im Rohr ca. 15 Minuten backen. Herausnehmen, zerschneiden und mit Staubzucker bestreuen.

Die Johannisbeerparadeiser waschen und trocknen. Honig und Zucker am besten in einer beschichteten Pfanne erhitzen und Paradeiser zugeben. Diese platzen durch die Hitze und geben Flüssigkeit ab. Einmal aufkochen lassen, vom Herd nehmen und sofort kalt stellen.

ZUTATEN FÜR DAS TRAUBENKERNÖLEIS: 1/4 l Joghurt • 100 g Staubzucker
Saft einer 1/2 Limette • 1 EL Vanillepuddingpulver, mit kaltem Wasser angerührt
50 g weißer Traubensaft • 2 EL Traubenkernöl

ZUBEREITUNG: Joghurt und Zucker in einem Topf vermischen und aufkochen. Traubensaft und Limettensaft einrühren und Vanillepuddingpulver unter ständigem Rühren mit dem Schneebesen einmischen und einmal aufkochen. Zum Schluss Traubenkernöl dazugeben. Masse abkühlen lassen und in der Eismaschine rühren.

Walnussöl

DAS ERBE DER DRUIDEN

DAS ÖL

Wer als Kind unter Himbeergestrüpp und Nussbäumen Indianer gespielt hat, dem liegt die Harmonie von Nussöl und Himbeeressig noch heute auf der Zunge. Aber auch ohne Kindheitserinnerungen haftet dem Walnussbaum seit jeher etwas Magisches an. Eng ist er mit zahlreichen Mythen und Legenden um Tod, Auferstehung und Jenseits, aber auch um Zauberei und Hexerei verbunden.

Keine Hexerei ist es indessen, mit diesem äußerst gesunden Öl zu kochen. In kaum einem anderen Pflanzenöl spielen die Aromen „süßlich, bitter, holzig, pflanzlich, buttrig" so harmonisch zusammen wie in diesem. Rund, mild, aber auch mit einem als angenehm empfundenen Bitterton erinnert Walnussöl im Abgang an Roggen- sowie geröstetes Weizenbrot und hat eine leicht adstringierende Note.

Was seine physiologische Zuträglichkeit betrifft, liegt Walnussöl mit rund 15 % einfach ungesättigten, 63 % doppelt ungesättigten und 7 % dreifach ungesättigten Fettsäuren unter den gesundheitlich wertvollen Ölen in allervorderster Position.

In der Küche erweist sich Walnussöl, das durch traditionelle Pressverfahren extrahiert wird, als ebenso würziger wie delikater Begleiter für Speisen aller Art, deren Bogen von frischen Blattsalaten über gebratenen Fisch und Schwammerl bis hin zu Käse und Desserts reicht. Wenn man Walnussöl in „Apothekermengen" zugibt und nicht allzu stark erhitzt, bleibt sein Aroma wunderbar erhalten.

DIE KÖCHIN

IRMGARD SITZWOHL

Irmgard Sitzwohl, gebürtig aus Ottendorf im Bezirk Fürstenfeld, absolvierte ihre Lehrjahre im Jennersdorfer Schlemmertempel „Raffel". Von dort zog es sie in den Raum München, wo sie vor allem in Peter Zöhrers legendärem „Pan e vin" wichtige Erfahrungen sammelte. Weitere Stationen waren Bern, Cape Cod (USA) und die Bergwelt Tirols, wo sie 5 Jahre lang im Tuxer Hotel Lanersbacherhof heimische Gourmets begeisterte. Im Jahr 2000 entschied sich Irmgard Sitzwohl dafür, die Küchenleitung im mediterranen Wiener Szene-Tempel „Novelli" anzunehmen; 2002 zog es sie wieder nach Tirol, wo sie in der Kitzbüheler „Schwedenkapelle" als Küchenchefin tätig war. Gemeinsam mit ihrer kongenialen Partnerin Elisabeth Geisler, die ihr seit Lanersbacher Zeiten zur Seite steht, wagte sie dann mit dem „sitzWohl" in Innsbruck den Schritt in die Selbstständigkeit.

Restaurant ‚sitzWohl'
Gilmstraße 4, 6020 Innsbruck

Piccata vom Seeteufel mit Walnussspaghetti und Rucolapesto

Rehmus mit Selleriesalat und Rehfilet

Topinamburcremesuppe mit gebratener Kalbsleber und Walnussöl

Warmer Schokoladeauflauf mit Walnusssabayon

DAS MENÜ

Piccata vom Seeteufel mit Walnussspaghetti und Rucolapesto

ZUTATEN: 600 g Seeteufel
2 Eier • 100 g Parmesan
200 g Spaghetti • 20 g Walnussöl • 20 g Walnüsse

ZUBEREITUNG: Seeteufel (ca. 150 g pro Person) in Scheiben schneiden und leicht klopfen. Mit Salz und Pfeffer würzen und in Mehl wenden. 2 Eier gut versprudeln und mit 100 g geriebenem Parmesan vermischen. Den Fisch durch die Eiermischung ziehen und in heißem Öl herausbacken. Spaghetti in Salzwasser kochen und mit Walnussöl und gehackten Walnüssen verfeinern.

ZUTATEN FÜR RUCOLAPESTO:
100 g Walnussöl
1 Bund Rucola • 20 g Pinienkerne • 1 Knoblauchzehe
Salz • Pfeffer

ZUBEREITUNG: Sämtliche Zutaten in ein Mixglas geben und gut durchmixen. Spaghetti, Seeteufel und Pesto anrichten und mit gehobeltem Parmesan bestreuen.

Rehmus mit Selleriesalat und Rehfilet

ZUTATEN: 100 g Rehjus (kräftig reduziert) • 2 Blatt Gelatine • 500 g Schlagobers • 200 g Rehfilet

ZUBEREITUNG: Ca. 1/2 l Rehjus mit Wacholder, Lorbeerblatt und Preiselbeeren bis auf 100 ml Flüssigkeit einreduzieren. Eingeweichte Gelatine zum durchpassierten Jus dazugeben und etwas erkalten lassen, dann das geschlagene Obers unterheben.
In passende Förmchen füllen und kalt stellen.
Rehfilet (ca. 200 g) mit Salz und Pfeffer würzen und gut anbraten. Das Filet erkalten lassen und mit der Aufschnittmaschine dünn aufschneiden.

ZUTATEN FÜR DEN SELLERIESALAT: 1 Knolle Sellerie • Salz • Pfeffer • 1 Zitrone • Walnussöl Sauerrahm • Walnusskerne

ZUBEREITUNG: Eine kleine Knolle Sellerie schälen und hauchdünn mit der Aufschnittmaschine in Scheiben und diese dann in feine Streifen schneiden. Mit Salz, Pfeffer, Zitronensaft, Walnussöl und 2 EL Sauerrahm vermischen. Mit gehackten Walnusskernen verfeinern.
Rehmus mit Filet und Selleriesalat anrichten, mit Preiselbeeren garnieren und mit etwas Walnussöl beträufeln.

Topinamburcremesuppe mit gebratener Kalbsleber und Walnussöl

ZUTATEN: 300 g Topinambure • 1 kleine Zwiebel • 1 kleine Kartoffel • 2 Knoblauchzehen • Salz • Pfeffer Lorbeer • Majoran • Thymian • Chillischote

ZUBEREITUNG: Für die Suppe Zwiebel und Knoblauch in Olivenöl anschwitzen, die geschälten Topinambure und die Kartoffel in kleine Würfel schneiden und dazugeben. Mit ca. 1/2 l Rindsuppe aufgießen, Gewürze dazugeben und köcheln lassen, bis Kartoffel und Topinambure weich sind. Ca. 1/2 l Schlagobers dazugeben, gut durchmixen, abschmecken und durch ein Sieb passieren.

ZUTATEN FÜR DIE GEBRATENE KALBSLEBER: 120 g Kalbsleber • Salz • Pfeffer • gehackte Walnüsse

ZUBEREITUNG: Kalbsleber in Scheiben schneiden, salzen, pfeffern und in gehackten Walnüssen wälzen. Die Leber kurz in Butterschmalz braten. Die Suppe mit dem Stabmixer kurz aufmixen, mit Kalbsleber anrichten und mit Walnussöl beträufeln.

Warmer Schokoladeauflauf mit Walnusssabayon

ZUTATEN:
3 Eier • 60 g Staubzucker
5 g Germ • 160 g Kristallzucker
150 g flüssige Butter • 120 g Mehl
200 g dunkle Kuvertüre
50 g gehackte Walnüsse

ZUBEREITUNG:
3 Eiweiß mit 60 g Kristallzucker steif schlagen. Dotter, Staubzucker und Germ miteinander schaumig schlagen, Eiweiß unterheben, flüssige Kuvertüre, Mehl und Butter kräftig unterrühren. Walnüsse dazugeben.
Auflaufförmchen mit Butter und Zucker ausstreuen und die Schoko-Nuss-Fülle einfüllen. Bei ca. 160 °C etwa 20 min. backen.

ZUTATEN FÜR SABAYON:
3 Dotter • 80 g Zucker
120 ml Weißwein

ZUBEREITUNG:
Dotter mit Zucker und Weißwein über Dampf dickschaumig schlagen.
Mit karamellisierten Walnüssen und Walnussöl verfeinern.

Von Argan bis Tsubaki

DAS ABC DER EDLEN ÖLE

Unser „ABC der edlen Öle" ist keines, das den Anspruch auf Vollständigkeit erhebt. Vielmehr sollen die hier ausgesuchten Öle einen möglichst bunten Querschnitt über die Vielfalt von kulinarisch nutzbaren Ölpflanzen und -saaten bieten. Wie groß diese ist bzw. sein könnte, kann man nur beispielhaft annehmen: So sind heute weltweit etwa 1500 Nussarten bekannt, die sich für den Verzehr eignen. Ein Großteil davon wäre natürlich auch zur Herstellung von Speiseöl zu verwenden ...

ARGANÖL (auch: Arganenöl) wird aus dem mehrmals jährlich Frucht tragenden Arganbaum (lat. *argania spinoza*) gewonnen, der seit über 80 Millionen Jahren im südwestlichen Marokko wächst und als einer der ältesten Bäume der Welt gilt. Die Früchte sind für den Verzehr ungeeignet und schwer aufzuschlagen. Die darin enthaltene „Mandel" ist allerdings kleiner als ein Sonnenblumenkern, weshalb auch 20 kg solcher Kerne benötigt werden, um einen Liter Arganöl, das „flüssige Gold Marokkos", herzustellen. Das Öl wird von den Berberfrauen in einem arbeitsaufwändigen Verfahren hergestellt, das bis heute durch keine Maschine übernommen werden kann: Nach dem Einsammeln und Lufttrocknen werden die Früchte geschält und aufgeschlagen, um die wertvolle Mandel zu erhalten. Die Mandeln werden anschließend über offenem Feuer leicht geröstet und zuletzt mit einer Handsteinmühle zu einer breiartigen Masse verarbeitet, aus welcher schlussendlich das Arganöl gepresst wird. Die Herstellung des in der Kosmetikindustrie und unter Spitzenköchen für Salate, Marmeladen, eingelegte Fische und Fleisch sowie Speiseeis gleichermaßen beliebten wie seltenen Arganöls erfolgt, da ohne jeglichen chemischen Zusatz, „hundert Prozent bio".

AVOCADOÖL wird aus dem Fruchtfleisch der *Persea americana Miller (Lauraceae)* gewonnen und verdankt seinen Namen der aztekischen Bezeichnung *ahuacatl*. Der ursprünglich in Zentralamerika beheimatete, bis zu 15 m hohe immergrüne Beerenfruchtbaum wurde nach der Entdeckung Amerikas auch in Europa heimisch und ist auch in Israel und im südlichen Afrika zu finden. Die bis zu anderthalb Kilo schwere birnenförmige Frucht reift allerdings nicht am Baum, sondern erst bei der Lagerung nach dem Pflücken. Sobald an der Frucht der ideale Fettgehalt gemessen wird, kann das rohe Avocadoöl gepresst werden, das grün bis dunkelgrün ist, bis zu 85 % aus ungesättigten Fettsäuren besteht und mit den Vitaminen A, D und E angereichert ist. Es eignet sich sowohl für Salat- und Fischmarinaden als auch für warme Gerichte, schmeckt stark vegetabil mit einem deutlichen Anklang an Artischocken und einem angenehmen mild-süßlichen Abgang.

BABUSSAÖL *(Orbignya spp.)* wird höchst vielfältig verwendet: Es deckt nicht nur nahezu zwei Drittel von Brasiliens Speiseölproduktion ab, sondern wird auch in der Kosmetikindustrie oder zur Herstellung von Plastik und Kerzenwachs verwendet. Rückstände dienen als Viehfutter, und die Kerne können auch als Treibstoff verbrannt oder in Kohle umgewandelt werden.

BUCHECKERNÖL s. S. 24

Arganbaum mit Früchten (Bild links); Argan: Von der Frucht bis zur Mandel (Bild rechts); Fotos: Sidi Yassine

DISTELÖL ist ein Produkt der Saflorpflanze (zusammengesetzt aus Safran und Flor), die lange Zeit vorzugsweise wegen ihrer Blütenblätter angebaut wurde, aus denen die Farbstoffe Saflor-Gelb und Spanisch-Rot hergestellt werden, was dem ursprünglich aus dem Nahen und Fernen Osten stammenden Distelgewächs auch den Spitznamen „Färberdistel" oder „Falscher Safran" eingebracht hat. Die kulinarische Karriere des kaltgepressten, goldgelben bis roten und eher dickflüssigen Distelöls ist relativ jung und beruht vor allem auf seinen ausgezeichneten diätetischen Eigenschaften und seiner Wirksamkeit zur Bekämpfung eines hohen Cholesterinspiegels sowie zur Prophylaxe und Behandlung von Arteriosklerose. Da es sich bei Distelöl um ein halb trocknendes Öl handelt, das empfindliche Haut reizen kann, wird es in der Kosmetik nicht eingesetzt.
Kaltgepresstes Distelöl hat einen wildfruchtigen Geschmack, raffiniertes Distelöl ist indessen geschmacksneutral. In der Küche sind beide Öle vielseitig für die Zubereitung von Marinaden und Dips einzusetzen. Man kann Distelöl aber auch zum Dünsten und kurzen Braten verwenden.
ERDMANDELÖL s. S. 32

ERDNUSSÖL ist das klassische Bratöl der asiatischen, insbesondere der chinesischen Küche. Es schmeckt nussig, aber niemals aufdringlich, ist mild und doch auch aromatisch. Durch den hohen Anteil einfach ungesättigter Fettsäuren ist dieses Öl hoch erhitzbar und daher selbst für die Wok-Küche problemlos einsetzbar. In der Kosmetik kommt Erdnussöl kaum vor, dafür lassen sich damit keineswegs nur asiatische Speisen zubereiten, sondern solche aus allen Ländern, in denen, wie etwa in Afrika, Indien, Indonesien und Nordamerika, Erdnüsse eine geschmackstragende Rolle spielen.

Färberdisteln

GRANATAPFELKERNÖL wird aus den Kernen der Früchte des aus Südwestasien stammenden, aber im ganzen Mittelmeerraum beheimateten Granatapfelbaums gepresst. Es zeichnet sich durch einen Anteil von 60 % der seltenen Gamma-Linolensäure sowie zahlreiche ungesättigte Fettsäuren aus, welche die Stoffwechselprozesse im Körper positiv beeinflussen und Krankheiten vorbeugen.

HANFÖL s. S. 42

HASELNUSSÖL s. S. 50

INCA-INCHI-ÖL diente schon den namensgebenden Inkas dazu, um mit der daraus hergestellten Farbe ihre Keramiktöpfe zu bemalen. Die „Inca Inchi"-Pflanze stammt aus der Provinz San Martin im peruanischen Amazonasgebiet und zeichnet sich durch einen hohen Anteil mehrfach ungesättigter Fettsäuren, insbesondere Alfa-Linolensäure (Omega 3), aus. Es ist sehr gut haltbar und dank seiner zartherben Note auch in Spitzenküchen beliebt, wo es in kaltem Zustand zum Marinieren von Fleisch, Gemüse und Salaten verwendet wird.

KOKOSÖL ist ein klassisches Brat- und Backfett, das im Mund angenehm schmilzt und daher auch in der Schokoladen- und Konfektherstellung eine Rolle spielt. Das Ausgangsprodukt des leicht nach demselben riechenden und bei Luftkontakt schnell ranzig werdenden Kokosöls ist das Kopra genannte, getrocknete Fruchtfleisch der Kokosnuss *(Cocos Nucifera L.)*. Die Herkunft der in einem Gürtel zwischen 20 °Nord und 20 °Süd des Äquators gedeihenden Kokospalme ist wissenschaftlich bis heute nicht genau geklärt. Der englische Kapitän Boyd brachte Kokosnüsse erstmals 1820 nach England, obwohl die Palme seit 1740 von den Holländern und Portugiesen planmäßig in ihren Kolonien angebaut wurde. Das Wort „Coco" stammt daher auch aus dem Spanischen und bedeutet sowohl „grotesk" als auch „Affe". Mit affenartiger Geschwindigkeit müssen jedenfalls auch jene „Palmkletterer" arbeiten, die die Kokosnüsse ernten.

Granatapfelbaum

KÜRBISKERNÖL. s.S. 56

LEINÖL s. S. 62

„LIFE-OIL" ist eine Mischung aus Sesamöl und dem aus der „japanischen Petersilie" gewonnenen Shisosamenöl, das eine gewisse Ähnlichkeit mit Leinöl aufweist. Das Öl wurde vom japanischen Meisterkoch Rokusaburo Michiba kreiert und wegen seiner gesundheitsfördernden Eigenschaften schlicht „Lebensöl" genannt.

MANDIAÖL ist ein Produkt der auch *Ölmadie* genannten *Madia sativa*, einer aus Chile stammenden Ölpflanze mit einem starken Linol- und Linolensäureanteil. Im Geschmack erinnert das gelbliche Madiaöl stark an Nuss- und Mandelöle. Kaltgepresstes Öl eignet sich, da lange haltbar, sehr gut für Speisezwecke. Warmgepresstes Öl wird vorzugsweise zur Seifenherstellung verwendet. Bedingt durch Lieferengpässe ist die Versorgung mit Madiaöl seit einiger Zeit ins Stocken geraten.

MANDELÖL s. S. 68

MAISKEIMÖL besteht zu rund 88 % aus ungesättigten Fettsäuren, vor allem aus Linolsäure und Ölsäure. Es ist auch reich an Vitaminen und Provitaminen. Maiskeimöl zählt zu jenen zahlreichen Lebensmitteln, deren Kenntnis wir der Entdeckung Amerikas verdanken, wo der Mais zwischen Mexiko und Peru seinen Ursprung hat. Höhlenfunde von bereits domestizierten Wildmaisformen wurden auf 5000–3400 v. Chr. datiert, was wohl auch die bedeutende Rolle erklärt, die der *mahiz* (Mais) in der indianischen Mythologie spielt. Ökonomisch betrachtet ist das Maiskeimöl nur ein Nebenprodukt der Gewinnung von Maisstärke. Das geschmacksneutrale Maiskeimöl ist in der Küche vielseitig als Brat- und Frittieröl, aber auch zur Herstellung von Mayonnaise verwendbar.

MARILLENKERNÖL s. S. 74

MARULANUSSÖL stammt aus den weiten Ebenen Subäquatorialafrikas, in denen die wild wachsende, bis zu 15 m hohe *Sclerocarya birrea* gedeiht, die besser als Marulabaum, Hochzeitsbaum oder Elefantenbaum bekannt ist. Der weibliche Baum kann bis zu 2 Tonnen Früchte tragen, die viermal so viel Vitamin C wie Orangen enthalten und sich sehr gut für die Herstellung von Marmeladen, Bier und Obstwein eignen. Das Öl wird aus den Fruchtkernen gewonnen, ist fast geruchsneutral und wird vor allem für Kosmetik und Massagen benützt. Da es sehr hohen Temperaturen standhalten kann, ist es auch für die Verwendung in der Küche geeignet. Eine typische Spezialität ist beispielsweise das namibische Hühnergericht Oxuxwa, das vor dem Servieren in Marulaöl geschwenkt wird.

MOHNÖL s. S. 80

OLIVENÖL s. S. 86

PARANUSSÖL wird aus den Nüssen des bis zu 60 m hohen Paranuss-Baumes *(Bertholletia excelsa)* gewonnen und erzielt im Geschmack deutliche Annäherungswerte an Kokosnussöl. Mit seinem Anteil von 70 % an ungesättigten Fettsäuren und zahlreichen Spurenelementen wird es von Ernährungsphysiologen als eines der wirkungsvollsten Antioxidanzien in der Krebs-Prophylaxe geschätzt.

PEKANNUSSÖL enthält neben Vitamin E auch Zink, Magnesium und Selen und hat einen hohen Anteil an mehrfach ungesättigten Fettsäuren. Es ist delikat und harmoniert aufgrund seines dezenten Säuregerüsts perfekt mit

Blühendes Rapsfeld

fruchtigen Aromen sowie Gerichten, die ihre Heimat, ebenso wie die Pekannuss selbst, in den Südstaaten und im Westen der USA haben.

PINIENKERNÖL ist ein besonders mildes Öl mit brotig-heftiger Note und einer dezent-süßen Applikation am Gaumen. Mit 60 % mehrfach ungesättigten Fettsäuren (hauptsächlich Linolsäure) ist das Pinienkernöl unter Ernährungsmedizinern besonders gerne gesehen. Köche verwenden es gerne in Verbindung mit Süßwasserfischen, wissen aber auch, dass der milde Geschmack aromatischen Herausforderungen wie Gewürzen, Zitronensaft oder Speisen mit starkem Eigengeschmack nicht standhält.

PISTAZIENÖL s. S. 92

RAPSÖL wurde viele Jahrhunderte lang nur zur Herstellung von Seife und zum Entzünden von Öllampen genützt. Besondere Bedeutung hatte es auch als Brennöl zum Heizen von Maschinen sowie als Schmiermittel für Dampfmaschinen und Eisenbahnfahrzeuge. Nur die Ärmsten der Armen verwendeten es als Speiseöl, oder besser gesagt: Sie mussten es verwenden. Die Karriere des Rapsöls als Genussmittel ist erst relativ jung und hängt mit der Verarbeitung zusammen. Ab den 1950er-Jahren versuchte man durch Neuzüchtungen die unangenehm riechenden Stoffe wie *Erucasäure* und *Glykosinolate* aus der Rapspflanze zu eliminieren, was auch gut gelang. Auch der Anteil ungesättigter Fettsäuren konnte gesteigert werden, wodurch das Öl zu einem besonders ausgewogenen und gesunden Speisefett wurde. Wo Rapsöl kaltgepresst angeboten wird, stellt sich beim Kosten zunächst ein vegetabil-krautiges Wohlbehagen am Gaumen ein, dem nach und nach auch nussige Anklänge und vor allem deutliche Currytöne folgen. Wissenschaftler empfehlen den regelmäßigen Genuss kaltgepressten Jungfernöls nicht zuletzt deshalb, weil es der Haut Feuchtigkeit und Seidigkeit verleiht. Das „einfach raffinierte" Rapsöl ist indessen geruchs- und geschmacksneutral, passt vom süßen Gebäck über Fleisch und Fisch bis hin zu Salaten zu jedem Essen. Zudem verträgt es sehr hohe Temperaturen bis zu 180 °C, eignet sich dadurch also hervorragend zum Braten, Backen und Frittieren.

ROTES PALMÖL findet man in Afrika und Brasilien gleichermaßen, auch wenn die bis zu 20 m hohe Ölpalme *(Elaeis guineensis)* mit ihren bis zu 2000 pflaumengroßen Einzelfrüchten ursprünglich aus Westafrika stammt, wo sie von den Eingeborenen als Nahrungs- und Arzneiquelle genauso geschätzt wird wie als Ausgangsprodukt für Webstoffe. In der Küche wird das nahezu streichfähige Öl hauptsächlich als Bratfett eingesetzt, das wegen seines delikaten Muskataromas auch gleichzeitig als Würzmittel dient. Ernährungsexperten empfehlen das Öl auch aus gesundheitlichen Gründen: Immerhin ist es jene pflanzliche Substanz, die weltweit mit dem höchsten bekannten Gehalt an dem Provitamin A aufzuwarten weiß.

SEJEÖL stammt von den Früchten der Sejepalme *(Jessenia bataua)*, die in den tropischen südamerikanischen Regenwäldern, aber auch in Bergregionen von Venezuela, Kolumbien, Brasilien, Peru und Panama sowie auf den Karibischen Inseln gedeiht. Eine ausgewachsene Palme trägt pro Jahr zwei Bündel Früchte, von denen eine bis zu 35 Kilogramm wiegen kann. Das aus dem zerstampften kernigen Fruchtfleisch durch Auskochen und Abschöpfen gewonnene Öl erinnert entfernt an Olivenöl, ist gut haltbar und reich an einfach ungesättigter Fettsäure, wird aber nicht nur in der Küche, sondern vor allem auch für die Produktion von Seifen und anderen Kosmetika verwendet.

SENFÖL entstammt den Samenkörnern des schwarzen Senfs, in denen es zu 30 % enthalten ist. In den Küchen von Bengalen, Kaschmir, Maharashtra und Goa ist es ein unentbehrliches Koch- und Würzmittel, das allerdings auch gesundheitsgefährdende Stoffe enthält und daher nur ganz kurz bis knapp unter den Rauchpunkt erhitzt werden darf. Wer diese Technik nicht perfekt beherrscht, sollte von der Verwendung lieber Abstand nehmen.

SESAMÖL s. S. 98

SHEANUSSÖL (Sheabutter) ist die einzige „Butter", die auf Bäumen wächst. Der Sheabutter-Baum kommt vor allem in Mali, Senegal, Elfenbeinküste, Ghana und Nigeria vor und trägt erst ab einem Alter von 20 Jahren Früchte. Die weißlich-gelbe, kräftig riechende Sheabutter wird vor allem in Afrika auch als Speiseöl verwendet, ist aber in Europa eher als Kosmetikartikel bekannt.

SHISOSAMENÖL s. Life-Oil

SOJAÖL wird aus der Sojabohne, einer der gesündesten Ölpflanzen der Welt, extrahiert. Die Sojabohne stammt aus Ostasien und wurde in China schon 2800 v. Chr. unter Kaiser Chennung angebaut. Das gelblich-bräunliche Sojaöl ist reich an Eiweiß, Lezithin, Mineralstoffen, Beta-Carotin und Vitamin E und wird sowohl als Speise- als auch als Badeöl sowie in zahlreichen kosmetischen Produkten angewendet. In Japan war die Sojabohne ebenfalls früh heimisch, dient dort aber bis heute mehr der Tofu- als der Ölherstellung. In der Pharmazie wird Sojaöl als Energieträger für intravenöse Ernährung eingesetzt, Köche schätzen Sojaöl vor allem als Ausgangsprodukt für Salatsaucen und Mayonnaisen.

SONNENBLUMENÖL wird sowohl aus warmer als auch aus kalter Pressung angeboten. Kaltgepresstes Sonnenblumenöl ist hellgelb und von harmonischer geschmacklicher Abrundung. Sonnenblumenöl aus kalter Pressung ist eines der wertvollsten Speiseöle. Es eignet sich hervorragend als Salat- oder Rohkostöl und wird im Rahmen spezieller Therapien (Ölziehen) auch zur Entgiftung des Körpers verwendet. Das aus der Warmpressung stammende Öl ist indessen eher dunkel und hat einen charakteristischen Röstgeschmack. Sonnenblumenöl hat zwar keine uralte, aber doch eine alte Tradition. Die erste Sonnenblumen-Ölmühle wurde 1830 im Dorf Alexierka in der Ukraine erbaut, von wo sich die Ölmühlenindustrie über ganz Südrussland ausbreitete und mittlerweile in ganz Europa heimisch ist, zu dessen meistverbreiteten Ölen es zählt. Die Sonnenblume selbst ist allerdings keineswegs russisch, sondern wurde von den Ureinwohnern Nordamerikas kultiviert.

TOMATENKERNÖL ist orange und wird aus den Tomatensamen gepresst, die zu den gesündesten Teilen der von den spanischen Konquistadoren aus Mexiko nach Europa gebrachten *Tumatle* zählen. Besonders bei der Produktion von Tomatensaft und -sugo fallen große Mengen von Samen an, die nach der Trennung von Schalenbestandteilen problemlos zu Öl gepresst werden können. Tomatenkernöl ist nicht nur ein fruchtiges Speiseöl, sondern wird auch in der Farbenindustrie verwendet.

TRAUBENKERNÖL s. S. 106

TSUBAKIÖL, auch Camelliaöl genannt, wird aus den sonnengetrockneten und gepressten Samen eines immergrünen Teestrauchs gewonnen, der im südchinesischen Gebirgsland gedeiht und einen Durchmesser von 4 bis 8 Metern erreicht. Sowohl in China als auch in Japan wird dieses schnell in die Haut einziehende Öl für die Körperpflege, aber auch als hochwertiges Speiseöl genutzt.

WALNUSSÖL s. S. 114

WEIZENKEIMÖL wird aus den Keimen des Weizenkorns *(Triticum Vulgare L.)* kalt gepresst, ist von orange-gelber Farbe und angenehmem, brotigem Geschmack. Sein Nachteil besteht in der mangelnden Hitzeverträglichkeit, weshalb das gesunde Weizenkeimöl ausschließlich in der kalten Küche verwendet werden sollte.

Das Wesen des Seims

EINE KLEINE ÖLPHILOSOPHIE

Herzlich willkommen in einer Welt, in welcher der Ungesättigte angesehener ist als der Satte, auch wenn aus dieser Welt zuletzt doch alle gleichermaßen gesättigt herauskommen. Willkommen in der Welt des edlen Öles.
Unter den Flüssigkeiten kommt dem Öl eine Sonderstellung zu. *Panta re* – alles fließt. Das wusste schon Heraklit. Aber Öl fließt auf eine ganz spezielle, eine unverwechselbare Weise. Es sprudelt und träufelt nicht, es rinnt schon gar nicht, sondern es trieft und bewegt sich zäh, langsam und träge dahin. Es ist, was seine Konsistenz betrifft, keine wirkliche Flüssigkeit, sondern eher ein Seim, ein dem Nektar und dem Honig nicht unähnliche, dickflüssiger Saft von klebriger Kohäsionskraft.
Erstaunlicherweise steckt diese langsame zähe Bewegung auf geradezu onomatopoetische Weise in dem Wort „Öl".
Das bewusst gedehnte „Ö" (in alten Texten liest man mitunter sogar noch die Schreibweise „Öhl") deutet die Behutsamkeit, den Zeitraffer einer geschmeidigen, lautlosen, weichen und flächig gleitenden Bewegung an, das abschließende „L" steht für das Laufen, das Auslaufen, das unbestimmte, ins Unendliche gerichtete Ziel des Flusses.
Ja, sämig ist das Öl, sämig wie das althochdeutsche *samo*, der Same, die Saat oder, wie man später sagte, die Sämerei. Aus Sämereien wiederum werden Öle.
Anfangs bedeutete Öl nur Olivenöl (lat. *oleum, olium*), doch im Laufe des Mittelalters gesellten sich andere Sämereien und damit andere Seime hinzu. Alles fließt, alles seimt und überzieht die Oberflächen des Greif- und Fassbaren, vor allem aber auch des Schmeckbaren mit einem dünnen durchsichtigen Film.
Doch was soll dieser Film? Bringt er die Dinge darunter lediglich zum Glänzen, verleiht er ihnen Geschmack oder bildet er gar eine unsichtbare Trennwand zwischen dem Menschlichen und dem Göttlichen?
Tatsächlich war Öl, zumal Olivenöl, schon in der Alten Welt ein Stoff, den die Götter liebten. Das Ölopfer war ein im wahrsten Sinne essentieller Bestandteil jeder Opferzeremonie, und die Götter waren, was die Ölzufuhr betraf, nicht wählerisch: Sie (und vor allem ihre Priester) mochten es, wenn das Opferöl mit Teig abgemischt und gebacken wurde. Sie mochten Öl aber auch als Teil des Brandopfers, wenn sein Rauch hinauf zum Olymp stieg, während unten der Braten am Opferaltar gar und knusprig wurde.
Öl ist ein heiliges Element, das geeignet ist, Aromen von der sichtbaren in die unsichtbare Welt zu transportieren. Von edler Stofflichkeit und mystischer Transparenz gleichermaßen geprägt, symbolisiert das Öl, absorbierend und einverleibend, das Band, das zwischen Himmel und Erde geknüpft ist. Nicht zufällig ging der Glaube an das Öl auch nahtlos von den heidnischen Religionen der Antike auf das Christentum über: Als pressten wir des Lebens Öl von Wurzeln aus der Bibel, schreibt etwa Johann Gottfried Seume, ein bekannter Feuilletonist der Goethezeit. In Friedrich von Schillers *Jungfrau von Orleans* liest man: „Die Stirne meines Herren ist noch nicht gekrönt, das heilige Öl hat seine Scheitel noch nicht benetzt, noch heißt mein Herr nicht König." Und der Name „Christus" lautet in seiner hebräischen Urform keinesfalls zufällig *messiach* – der Gesalbte. Der Leidensweg Christi vom Ölberg am Gründonnerstag zum Essigschwamm am Karfreitag ist kurz und unterstreicht einmal mehr, dass der Verbindung von Essig und Öl eine auch philosophisch-religiöse und keinesfalls nur eine kulinarische Spannung innewohnt.

Koptischer Mönch mit Ölgefäßen in Wadi Natrun, Ägypten

Es ist daher nur folgerichtig, dass das Öl bis heute im liturgischen Gebrauch für rituelle Salbungen unterschiedlichster Art dient: Chrisam für Kindertaufe und Firmung, Katechumenenöl für die Erwachsenentaufe, Priester- und Bischofsweihe und Krankenöl für die Krankensalbung. Sogar einen eigenen Feiertag hat das Öl im katholischen Kirchenjahr: Es ist auch aus historisch gutem Grund der Gründonnerstag, an dem die heiligen Öle vom Bischof in der Missa Chrismatis feierlich geweiht werden.

Doch Öl spiegelt nicht nur die göttlichen, sondern auch viele menschliche Eigenschaften wider – weshalb es sich auch in unzähligen Metaphern des Alltags findet. Öl schwimmt oben – weswegen die Franzosen besonders wichtige Menschen auch schlicht als *huiles* – als Öle – bezeichnen. Wer Abläufe beschleunigen will, gießt „Öl ins Getriebe", wer sie sabotieren und Konflikte fördern möchte, gießt „Öl ins Feuer". Wer schnell vorwärts kommen möchte, fährt „wie ein geölter Blitz" durchs Berufsleben. Grimmelshausens barocker Simplicius wiederum prügelte seine „Maitress dergestalt ab, dass sie hätte Öl geben mögen", während der aufklärerisch gesinnte Christoph Martin Wieland solche Frauen pries, die „süß wie Milch und sanft wie Öl" sind. Johann Wolfgang von Goethe war da schon pragmatischer, wenn er in seiner Lobpreisung eines Sardellensalats von „Fleischlein, Würstlein, und was noch mehr in Essig und Öl zusammenrinnt", schwärmte.

Zusammenrinnen mit anderen Wirkstoffen: Das ist eine der vom Menschen am meisten geschätzten Eigenschaften des Öls. Doch das Öl besitzt nicht nur die Kraft (vor allem Aromen) zu binden, es besitzt auch die Kraft zu lösen, zu durchdringen, zusammenzuziehen, zu verteilen und sich zu verbreiten.

Die Vollmacht zu binden und zu lösen ist jene, die Jesus auch Petrus und damit dem Papsttum übertragen hat.

Nicht ganz so katholisch sieht das der Dichter Eduard Mörike in seinem Gedicht, in dem sich ein Pfarrer über diebische Bauern beklagt:

Im Garten stehlen sie mir den Salat,
in der Morgenmesse mit guter Ruh
erwarten sie den Essig dazu.
Der Predigt Schluss fein linde sei,
sie wollen gern auch Öl dabei.

Der solchermaßen aus Essig, Öl und einer guten Prise Metaphysik zubereitete Salat ist also fertig – und kann angerichtet werden.

Rezeptregister